中国骄傲

女排世界杯十一连胜夺冠路

腾讯赢德体育 编著

陕西师范大学出版总社
SHAANXI NORMAL UNIVERSITY GENERAL PUBLISHING HOUSE

图书代号：SK19N2092

图书在版编目（CIP）数据

中国骄傲：女排世界杯十一连胜夺冠路 / 腾讯赢德体育编著. —西安：陕西师范大学出版总社有限公司, 2020.1
　ISBN 978-7-5613-9725-1

Ⅰ. ①中… Ⅱ. ①腾… Ⅲ. ①女子项目—排球运动—概况—中国—2019 Ⅳ. ① G842.92

中国版本图书馆 CIP 数据核字（2019）第 287618 号

中国骄傲 女排世界杯十一连胜夺冠路
ZHONGGUO JIAO'AO NÜPAI SHIJIEBEI SHIYI LIANSHENG DUOGUANLU

腾讯赢德体育 编著

出 版 人	刘东风
策划统筹	杨　沁
责任编辑	王　越　杨　沁
责任校对	刘　丽　张秦胤
封面设计	李文伟
出版发行	陕西师范大学出版总社有限公司
	（西安市长安南路 199 号 邮编 710062）
网　　址	http://www.snupg.com
印　　刷	陕西龙山海天艺术印务有限公司
开　　本	787mm × 1092mm　1/16
印　　张	16
字　　数	125 千
版　　次	2020 年 1 月第 1 版
印　　次	2020 年 1 月第 1 次印刷
书　　号	ISBN 978-7-5613-9725-1
定　　价	88.00 元

读者购书、书店添货或发现印刷装订问题，请与本社营销部联系、调换。
电话：（029）85307864　85303879

激情燃烧的日子

许绍连（腾讯体育资源专家）

9月30日，凌晨1点，大阪街头，我和几位同事在寻找可以果腹的餐馆。超过12小时的忙碌之后，大家都有些饥肠辘辘。寻找虽以失败而告终，但大家依然情绪激昂——大家的思绪与话题其实都还没有从几个小时前女排世界杯颁奖仪式的喜庆中走出来。

从9月14日到29日，中国女排辗转横滨、札幌、大阪三地，11战11胜，将几乎所有中国人对于胜利的渴望催化到激情燃烧的最高点——在更多人的眼中，中国女排不仅是获得了一个世界冠军，更是向中华人民共和国70华诞献上了一份厚礼。这胜利不仅弥足珍贵，而且恰逢其时。所以，两天之后，当中国女排的全体队员出现在"祖国万岁"的国庆花车之上，亮相国庆盛典时，所有的一切在人们看来都已经是再顺理成章不过的事情。

9月10日，当中国女排一行16名队员在郎平的带领下踏上世界杯的征程时，很多人并没有第一时间意识到这将是怎样意义非凡的一次出征。这也是郎平希望看到的局面——低调。低调，一直都是这位中国女排精神领袖习惯的行为方式。

但是，低调绝不意味着对成绩没有想法。恰恰相反，郎平不仅一直都在不声不响间咬紧牙关做着最全面甚至也是最艰苦的准备，而且也一直用心良苦地规避着对手、隐藏着实力。7月，中国女排便没有派出主力阵容参加在南京进行的女排国家联赛总决赛，这在一定程度上也让郎平和她所带领的中国女排陷入不大不小的舆论旋涡之中。当然，伴随着此次女排世界杯的十一连胜，这也成了郎平审时度势、运筹帷幄的又一范例。

其实，十一连胜的酣畅淋漓并不等于比赛过程的波澜不惊。9月22日，中国女排的第六战，对手巴西。也许是里约奥运会曾经战胜对手的缘故，也许是对方有两位主力没有前往日本的缘故，也许是中国女排一上来便先声夺人的缘故，总之，很多人并没有怎么将巴西队放在眼里，但是，连续两局的逆转之后，首先被推到悬崖边的，反而是中国女排。关键时刻，郎平的临场指挥能力，朱婷、袁心玥等核心队员特别能打硬仗的能力……再一次统统显现了出来。最终的结局，中国女排以3比2再一次战而胜之！这场比赛的精彩与激烈，很容易让人联想起去年世锦赛半决赛中国女排与意大利队的那场"生死较量"，所不同的只是那场比赛让中国球迷眼含热泪带着遗憾离开，而这一次中国球迷则笑到了最后。

由于去年的世锦赛冠军塞尔维亚队并没有派出主力阵容，去年的世锦赛亚军意大利队又没有获得世界杯参赛资格，因此，即便是入门级的球迷在分析本届世界杯的格局时都会轻松得出这样的结论：中国女排最大的竞争对手是美国队。原因很简单，里约奥运会后进行了大换血的美国队作为今年女排国家联赛的总冠军，是当之无愧的"热门"。中国女排也一直将美国队当作重要的竞争对手来对待。于是，有意无意间，人们都将9月23日的"中美之战"视为本届世界杯的"天王山之战"。也许是因为前一天才经历了与巴西队的恶战，大家对于这场比赛的预期也普遍是"估计会很胶着"。然而，比赛的进程或多或少有些出乎预料——第一局，25比16！第二局，25比17！即便是稍显激烈的第三局，比分也只是25比22。是外界高估了美国队的实力？答案显然是否定的，因为最终11场比赛结束，美国队也只是输掉了这一场而已。这场比赛严格来说只能说明一个问题，那就是中国女排对美国队的研究远超对手，找到了对方的"痛点"，打到了对方的"软肋"。而这，无疑既要归功于场上的队员，更要归功于教练郎平——将所有的问题与细节都考虑在内并融入日常的训练之中，再辅以灵活机动的临场指挥，是郎平一向的风格。这种风格让她很辛苦很劳累，甚至多年来伤病缠身，也让她成为公认的世界最优秀的排球教练。可以说，正是因为对阵美国队时她战术运用得当，使得这场焦点战变成了"一边倒"。迈过这道坎，虽然接下来中国女排还有4场比赛，但"冠军终属中国"已成为普遍的认识。

不仅要赢得最终的冠军，而且还要对每一场比赛的过程与内容负责，这也是中国女排一贯坚持与追求的。最经典的例子早在中国女排首次夺得世界冠军时便已经出现——1981年女排世界杯最后一场比赛，六战六胜的中国女排迎战五胜一负的东道主日本队，中国队连下两局，按照规则，中国队实际上已经夺冠。也就在这个时候，失去卫冕希望的日本队反而放下了包袱，连拿两局，将比赛拖入决胜局。虽然胜负看上去已经无关大局，但主教练袁伟民还是向女排姑娘们这样指出："如果输掉了这场比赛，你们就等于做了夹生饭，或者夹个尾巴，算小分拿了世界冠军也并不是一件光荣的事。"最终，中国女排不仅顶住了疯狂反扑的日本队，而且以17比15拿下了比赛，扬眉吐气！而郎平正是当时场上的主攻手。这一次的世界杯也是这样，尽管早在9月28日中国队3比0战胜塞尔维亚队之后便已经提前一轮拿到了冠军，但9月29日的比赛，郎平依然要求队员全力以赴，同样以3比0的比分漂亮地拿下了阿根廷队。十一战十一连胜，中国女排完美地登上世界冠军的领奖台，也为共和国70华诞献上了再美好不过的厚礼。

接下来所发生的一切，已经是举国皆知：奏凯回国，习主席接见，国庆花车登场……鲜花与掌声包围了中国女排。中国女排，再一次点燃中国体育，再一次点燃国人的激情。又一段激情燃烧的日子！

很快，郎平和她的弟子们便归入平静。队员们返回俱乐部，马不停蹄地投入到了女排超级联赛之中，而郎平，在短暂的调整之后，也将在春节后便带队投入新的训练之中。这一次，大家的目标明确并一致——东京，奥运会！

中国女排，美好的期待

吉亚尼·梅罗（国际体育记者协会主席）

中国女排是一支伟大的球队，这是我很早之前就已经知道的。但是，最近这两年我对于中国女排更多的关注，很大程度上还是因为我的朋友许绍连。他和他所在的赢德体育正在从事中国女排的独家商务开发工作，这让我们在一起聊天的时候有了更多关于中国女排的话题。当然，中国女排与意大利女排这些年，尤其是这两年欢喜冤家似的"遭遇战"，也是我对中国女排感兴趣的另一个重要原因。

作为一名记者，我和中国体育的缘分可以追溯到1978年的9月。当时中国在时任国际田联主席内比奥罗的支持下举办北京国际田径邀请赛，意大利队应邀参赛，这是意大利体育与中国体育的第一次合作交流，我作为随队记者第一次来到了北京。我至今清楚地记得那次的比赛在工人体育场举行，我下榻的酒店则是北京饭店。那次中国之行给我留下了深刻的印象，我不仅感受到了北京人的热情，而且感受到了中国体育强烈的向上的欲望。所以，1981年，中国女排历史性地夺得世界杯的冠军，至少对我来说并不是一个意外。

众所周知，意大利拥有世界一流的女排联赛体系，这些年来一直都有中国的球员前来意大利效力，甚至现在便有一位叫王思敏的北京女孩正在我生活的米兰布思托·拉西奇奥俱乐部效力。基于中国女排所取得的辉煌成绩，意大利俱乐部对于中国球员也总是有着特别的兴趣。甚至，意大利俱乐部对于来自中国的教练也情有独钟，现在中国女排的主教练郎平30年前便曾经执教过意大利联赛的摩迪那俱乐部，而且带队获得了杯赛的冠军。

去年的女排世锦赛，意大利队在半决赛中战胜了中国队。这让我感到相当意外，也让很多意大利媒体喜出望外。我向当时在现场观看比赛的中国朋友说了一句"sorry(对不起)"，而他很快便回复我："你不用说对不起，因为我们很快就会打回来的。"瞧，这就是中国女排带给中国人的自信。事实上，在今年女排国家联赛的比赛中，中国队便先后两次战胜了意大利队。

今年的9月底，中国女排再一次获得了世界杯的冠军，我的朋友告诉我说：这已经是中国女排获得的第十个世界冠军，中国人称之为"十全十美"。而我想要说的则是，这样的数字放在任何一个国家的任何一支球队身上都是一个了不起的奇迹！所以，中国人对于中国女排的热爱是完全有理由的。

有意思的是，国际体育记者协会自2018年推出年度媒体奖以来，连续两年都有关于中国女排的作品参赛，而且表现出色。2018年获得最佳体育自媒体奖第一名的，便是一篇关于郎平的作品。这也从一个侧面再次印证了中国女排在中国的受欢迎程度，以及写作者基于热爱的感情投入。

时间转眼便将进入2020年，体育人无比期待的奥运年。我知道中国女排已经为自己的卫冕之旅进行了长时间的准备，而且中国人对中国女排这一次的东京之行也有着特别的期许。其实，我也和很多中国人一样对于中国女排在东京奥运会的表现充满了好奇。所以，2020年的8月，我在自己的奥运会日程中会郑重其事地加入女排的比赛。中国女排，美好的期待！

2019年12月13日于米兰

目 录

郎平的 2019 世界杯 / 001

漫画 郎导的故事 / 023

第 1 战　目标——升国旗、奏国歌 / 043

第 2 战　经受锻炼，在赛场上成长 / 057

第 3 战　多点开花，酣畅淋漓的三连胜 / 073

第 4 战　全力以赴，再次零封对手 / 087

第 5 战　势如破竹，豪取五连胜 / 101

第 6 战　遭遇冲击，逆转取胜 / 117

第 7 战　气势如虹，零封最强对手 / 133

第 8 战　锻炼新人，信任新人 / 147

第 9 战　继续前进，第九胜 / 159

第 10 战　十连胜，提前夺冠 / 173

第 11 战　荣耀！升国旗、奏国歌 / 185

冠军说 / 205

郎平的 2019 世界杯

文／马寅（资深媒体人）

"其实挺难的,16个队员,挺难的……"

2019年9月29日,日本大阪,中国女排以3比0零封阿根廷队,以11战全胜的成绩夺得世界杯冠军,史上第10次站到世界之巅。"十全十美"是国人对这支队伍异口同声的赞美。

但是,没人知道她们为冠军付出了多少。在赛后接受央视采访时,见惯大风大浪的主教练郎平也不禁流下了眼泪。

1

 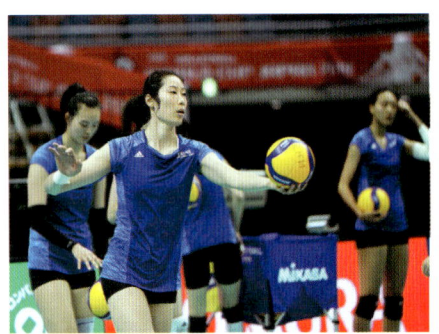

2019年，是东京奥运周期的第三年，也是东京奥运的冲刺年。年初，郎导在接受采访时公开表示，这一年的首要目标是拼得奥运入场券。

对中国女排来说，奥运资格是这一年最重要、最不容有失的目标，但并不是最难的目标。事实上，在宁波北仑主场作战，面对土耳其、德国和捷克三个对手，中国女排只需正常发挥，就能如愿在第一时间拿到进军东京奥运会的门票。

相对来说，更难的目标是世界女排三大赛之一的世界杯。虽然"死敌"意大利队无缘参赛，去年世锦赛及今年欧锦赛双料冠军塞尔维亚队又没有派出主力，但世界杯上还有美国队这样的"老冤家"，以及巴西队、荷兰队、俄罗斯队等劲敌。作为上届冠军，中国女排处在明处，是每个对手都最想战胜的对象。

奥运会资格赛在8月，世界杯在9月，在郎导的计划中，这是一盘棋。整个夏天，她都和年轻的球员们一起站在训练场上，一天8小时，晚上还要带队员开会学习，这样的工作强度，年轻人都很难坚持。

"我一个快 60 岁的老太太都做到了,谁还能懈怠?"郎导常常这么说。

为了确保国家队按自己的节奏备战奥运会资格赛和世界杯,补齐所有细节上的短板,在秋天时调整出最好的状态,并避免出现意外的伤病,郎导作出了一个让人意外的决定:让替补队员出战 7 月初的国家联赛总决赛。虽然此举遭到了许多球迷的不理解,但她坚持自己的决定,而替补队员也没有令她失望,在国际舞台上得到了锻炼的同时,还出人意料地拿回了一枚铜牌。

2

顺利拿到奥运资格后一个月，9月10日，郎导率中国女排出征日本。此前有16名球员在随队集训，外界一直在猜测哪两人会落选14人名单，这一悬念随着国际排联修改本届世界杯报名规则而自然消失，16名球员全部踏上了飞往日本的航班。

从北京到东京这一路上，郎导和队员们所到之处，总能听到给中国女排加油喝彩之声，这是过去四年她们用切切实实的努力和响当当的成绩积累的财富。

当天下午抵达横滨后，郎导给姑娘们放了三个小时假，让大家出去走走，放松一下。她自己赶着出门，想给前一天过生日的排管中心副主任赖亚文补一份生日礼物。

两人已经认识30年了。赖导说：**"这些年和老同志一起经历了很多，从队友、师徒到最亲密的搭档，这种缘分、这份感情特别难得。"**

两年前世界女排大冠军杯时，郎导也是在日本给赖导选的生日礼物，那是一个红色笔袋，赖导到现在都没舍得用。这次在横滨高岛屋，郎导一眼看上了一个黄色的保温杯，还是今年的网红款。"给亚文选个亮色的，希望她每天看到就开心！"

果然，第二天晚上全队开赛前务虚会，赖导就拿着黄色保温杯来了。"很喜欢老同志这个礼物，好看，寓意更好：一杯子，

一辈子。"赖导说。

其他国家的球队在大赛中往往减少训练，但郎导对中国女排的要求更为严格，大赛期间一样要进行强度不低的训练。

因为主办方给每支球队的训练时间非常有限，为了在半个多月的比赛中保证训练时间和质量，中国女排都会自己在当地租场地，这是郎导从2015年世界杯开始积累的大赛经验之一。

这一次，郎导率队驱车35分钟，赶往横滨市西南一座山丘上的体育公园里的体育馆训练。体育馆内没有装空调，温度高达37℃，郎导和教练们人手一个拖把，擦干姑娘们留下的一片片汗渍。

9月13日是中秋节，全队仍然和平时一样，早上7点45分起床吃早餐后前往训练馆练习。中午队员们午睡了，郎导却闲不下来，又去参加横滨六支球队的赛前新闻发布会。

随着各参赛队公布参赛阵容，外界普遍认为在意大利队缺席、塞尔维亚队人员不整的情况下，中国女排卫冕如囊中取物。对于这样的想法和说法，郎导非常严肃地表示不赞同：

"世界杯是世界三大赛之一，虽然这次不涉及奥运参赛资格，但是我们很看重它，因为所有强队都在这里。个别强队可能不是那么重视，但是我们肯定还是要全力以赴做好自己。"

晚上郎导在房间里看录像准备比赛，拿出了从北京带来的五仁月饼一边吃一边干活，算是给自己过了个中秋节。

3

9月14日世界杯首战，中国女排直落三局战胜韩国队迎来开门红。一向低调的郎导，赛后接受央视采访时却说：

"只要穿上带有'中国'的球衣，就是代表祖国出征。每一次的比赛，我们的目标都是升国旗、奏国歌！"

"升国旗"就是登上领奖台，"奏国歌"就是夺冠。传到即将迎来共和国70华诞的国内，这6个字迅速成为当天的网络热搜词，人们为中国女排的胜利、为郎导的信心而骄傲。而郎导说出这话，一方面是她对球队的实力和状态有底气，另一方面也是给队员们提振士气。

第二场比赛面对喀麦隆队，郎导安排朱婷和颜妮两员大将轮休，其他五名主力袁心玥、丁霞、张常宁、龚翔宇、王梦洁也全部站上替补席。中国队又一次三局完胜。

这天晚上11点多，郎导才和执行教练安家杰一起对完次日打俄罗斯队的轮次，开始写作战方案，熄灯睡觉时已是凌晨。俄罗斯队是中国女排面对的第一个强敌，"她们还是很有实力的，状态也不错，打疯了不得了。"郎导说，"我们要做好对方发挥出百分之二百的准备，还要在开局就努力压制住她们。"

最近几年，中国女排面对俄罗斯队胜率较高，而且对手刚刚经历了换帅风波，外界几乎一边倒地看好中国女排本场取胜。但郎导不希望队员受到那些来自对手的"坏消息"影响，在她看来，无论外界和对手有什么动向，对于球队来说，比赛前需要做的事情都只有两件：细致的准备和充分的自我调动。

"在最后一个球落地之前,对于两支球队来说,获胜的机会都是均等的。"

果然,上紧发条的中国女排再一次以 3 比 0 拿下比赛,此后又以同样的比分拿下了多米尼加队,获得四连胜。

4

在第一阶段，中国女排只剩最后一个对手日本队，这支球队正雄心勃勃想要冲击世界杯奖牌。

从1970年12月12日第六届亚运会中日首战算起，2019年9月19日的这次相遇，是中日之间的第199次对垒。前198次，中国女排胜155场，输43场，占有绝对优势。但是在这场比赛前说起老对手日本队，郎导的言语颇有深意——

"在中国女排的发展历史上，日本曾经给过我们很多帮助。上个世纪六十年代，周总理请大松博文教练来中国，给我们上课，教我们排球。我们和日本队的每一场比赛，都是激烈的竞争，也是难得的交流，相互学习，共同提高。"

日本女排的快速多变以及出色的防守，是平时郎导经常跟队员们提到的学习目标，而如何以中国女排的"高"制日本女排的"快"，如何提高自己的防守能力，赢得和日本女排展开多回合较量的机会，又一直是中国女排日常训练的课题之一。在横滨，郎导在带队员们打好每一场比赛的同时，也密切关注着日本女排的变化。在中间的休赛日里，她率队在比赛馆对前段时间闭门苦练的一些针对日本队的战术做重点演练。

比赛进行得十分顺利，中国女排早早就让比赛毫无悬念。影星梁朝伟和刘嘉玲夫妇也在现场观看，赛后在和郎导见面时，梁朝伟说自己在比赛中曾有这样的猜测："日本队输得有点儿没面子，郎指导会不会让她们一局？"他还问："郎指导，是不是我们太强了，把对手打得这么惨，像大人打小孩……"

郎导笑着给梁朝伟讲起了排球："今天主要是我们研究得透，战术针对性强，上来就把她们压住了，拦网节奏也好，把她们的信心和气势打没了。其实双方没有这么大差距，日本队很有特点的。"

刘嘉玲则关心接下来还有什么重要对手，郎导帮她挨个儿数着眼下的世界杯以及明年奥运会的强敌："塞尔维亚、意大利的攻手身体素质可好了，美国队可快了……"

5

五连胜，而且是连续五个 3 比 0，中国女排带着所有人都不敢想的完美开局结束了在横滨的赛事，赶赴第二阶段的比赛地札幌。

比赛之前，各队仍然只能在比赛前一天进行一个小时的场地适应，这对别的球队来说足够了，但对中国女排是不行的。在别的球队放松休息甚至四处观光的时候，中国队还要抓紧每分每秒训练。世界杯前五场比赛的胜利所揭示的是：

中国女排可能不是世界最强的，但绝对是最努力的，每一场干脆的胜利背后，都是大量的功课和细致的准备。

9 月 21 日，中国女排计划在适应比赛场地之后，驱车 30 分钟到提前租好的练习馆继续训练。上午十点半出发时，郎导提醒姑娘们做好打持久战的准备，最好带上些零食，因为还不知道什么时候能吃上晚饭。

令人惊喜的是，中国女排在比赛馆北海道立综合体育中心结束一个小时适应场地训练后，请翻译问问组委会有没有可能直接租用热身

场地，免去转场的舟车劳顿，结果对方爽快地同意了。"真是人品爆发，他们居然同意了！"郎导开心地说，"看来是对我们印象不错！"

在札幌的第一场比赛，中国女排迎来老对手巴西队。

赛前准备会，郎导特意告诉队员们："巴西这支球队可能不是在人员最整齐、实力最强的时候，但她们是相当有底蕴的球队，我们如果不能给对方足够的压力，比赛很有可能会非常困难。我们再统一思想，做好落后对手一局甚至两局的准备。"

果然，中国队遭遇了很大的困难，在以25比23先胜一局后，又以23比25丢掉第二局，这是中国女排在本届世界杯所丢的第一局。

第三局郎导主动变阵，由李盈莹和朱婷搭档主攻，张常宁出任接应。有人开玩笑说，这是把次日给美国队准备的变招拿出来了。但效果不明显，巴西队以25比22拿下第三局，以2比1反超。赛前预计的落后局面，真的出现了。

好在郎导和全队都在战术和心理上有足够的准备，第四局继续用李盈莹和朱婷担纲主攻，龚翔宇出任接应。姑娘们开局就打出了气势，一路领先以25比19拿下。决胜局15比9再胜，3比2赢来六连胜。

郎导的应变和指挥连对手都折服了，赛后连一向争强好胜的巴西老帅吉马良斯都显得极有风度，在新闻发布会上主动向郎导表示祝贺。

6

六连胜的中国女排仍然没有任何心理上的放松，因为没碰到美国队，真正的考验就还没到，硬仗还在后面。

在今年的国家联赛期间，中国女排在江门分站赛和南京总决赛中，两套阵容均以 0 比 3 输给了美国队，后者还收获了总冠军。美国球员一茬茬地冒出来，队伍的新老交替十分快。"我们去年世锦赛好不容易摸到她们节奏了，结果今年人家换人了，这批新的还是很快很强。"郎导曾经自嘲，"没办法，逼着我们继续好好学习，天天向上。"

在本届世界杯上，美国队又有一些小变化，比如说主二传从卡利尼换成了波尔特。来到横滨，郎导在准备前五个对手的空当儿里，又抽时间针对美国队做了很多功课。

在写作战方案时，郎导特别在"攻坚克难"四个字下面加了着重符号，要求大家发球要有使命感："在发球的时候要想着你的队友，你的球发不出性能，你的队友要用多大的努力去拦、去防！"

也许是前一天对阵巴西队时遇到的困难，把中国女排的好状态调出来了，面对头号强敌美国队反而打得很轻松，以25比16、25比17、25比22直落三局获胜。这时，全队才定下心来，隐隐有了冠军的想法。

即使这样，大家也没有庆祝太久，当晚的安排和平时并没有两样：看录像，开会学习，为下一场比赛做准备。面对外界的赞誉，郎导提醒姑娘们："比赛还没有结束，还没到高兴的时候。"

对阵开赛以来七连败的非洲冠军肯尼亚队，郎导仍然要求队员们拿出认真的态度专注面对，要兢兢业业打好每一分球，专注当下，做好过程，尊重自己，尊重对手。最终，中国女排再次以3比0拿下，以三连胜结束了札幌的赛事，总成绩已经是八连胜。

离开札幌时，郎导召集姑娘们在机场拍了一张合影，此时大伙儿都在心里为自己鼓劲：**使命在肩，继续努力！**

7

带着八连胜的战绩来到大阪,郎导想到了 38 年前第一次随中国女排征战世界杯,七战七捷首夺世界冠军就是在大阪。

"大阪是中国女排的福地,1981 年世界杯、2003 年世界杯,中国女排夺得冠军都是在大阪。"郎导说。

38 年前,郎导才刚 21 岁,现在这支中国女排的队员都还没有出生。2013 年第二次执教中国女排以来,她开始带着比自己女儿还小的队员,为中国女排走出低谷再创辉煌开始了新的奋斗。连她自己都没有想到,这一下,又是两个奥运周期。

抵达最后一个比赛城市大阪,中国女排闭门训练了三个小时,晚饭后全队又在一起看录像学习。郎导说:

"八连胜已经属于昨天,世界杯还在继续,大家要努力坚持到底。"

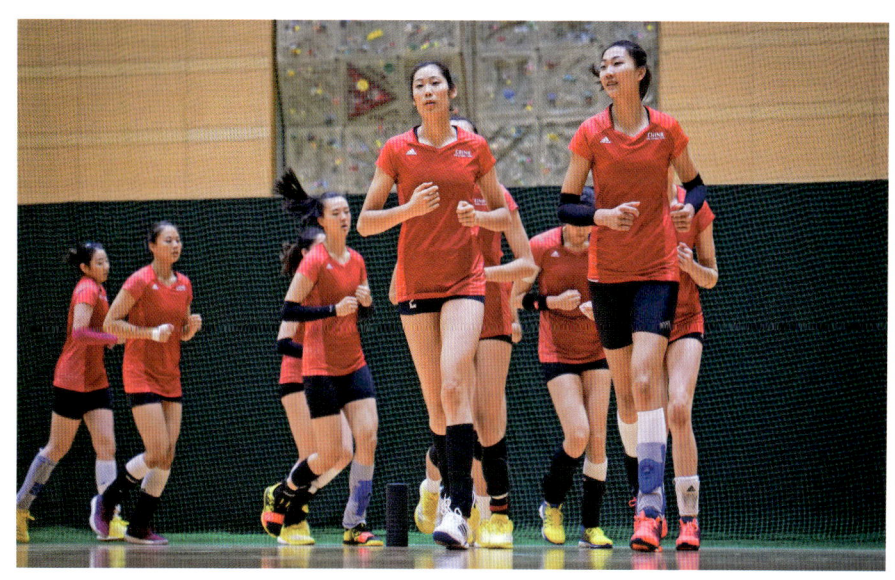

面对荷兰队，中国女排小遇波折，在顺利赢下两局后有所松懈，以21比25交出了第三局。郎导说："前两局看对手睡觉，第三局我们自己睡着了。"好在经过调整后，中国女排以3比1顺利拿下，夺得九连胜。

第十轮，中国女排面对世锦赛和欧锦赛双料冠军塞尔维亚队，赢了就提前一轮夺冠。如此大好的局面，在出征世界杯时，所有人都根本没敢想。

塞尔维亚队这次来的是替补阵容，但郎导也不敢大意，准备会上，她给队员们提出的要求是八个字：**不骄不躁，不松不紧。**下午到比赛馆集合时，郎导看到丁霞还考问她："我说上句你接下句：不骄不躁……"

3比0如愿拿下，中国女排以十连胜再夺世界杯冠军。这是中国女排历史上的第十个世界冠军，其中郎导以球员和教练的身份一共参与了其中的8次，包括4个世界杯冠军。

不过，全队的庆祝和此前九场之后没有什么区别，一起大合影，相互击个掌，逗逗吉祥物，甚至比之前九场胜利后更早地离开了赛场。有记者问郎导晚上怎么安排，郎导回答："训练啊，比赛还没有结束。"

回到酒店，郎导抽时间"审阅"她的200多条未读微信。演员靳东发来了一条和其他艺人合录的祝贺视频，并祝福中国女排继续努力，拿下明天的胜利，完美收官。郎导愉快地回复："好嘞！"

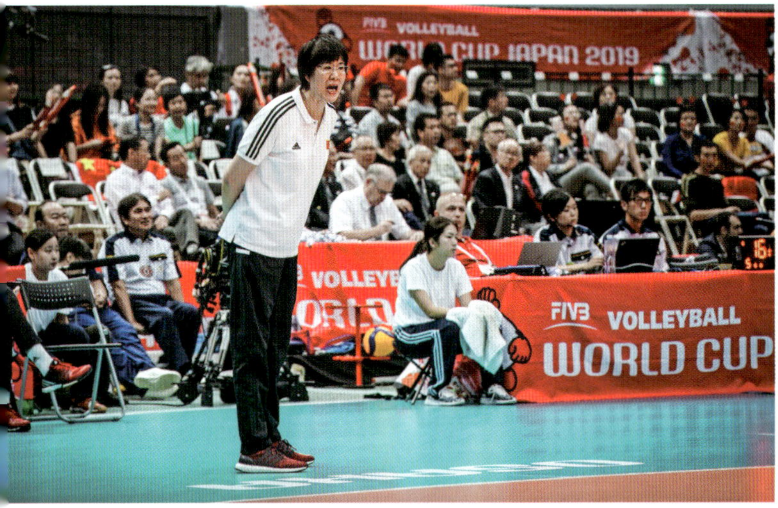
FIVB VOLLEYBALL
WORLD CUP JAPAN 2019
FIVB VOLLEYBALL
WORLD CUP

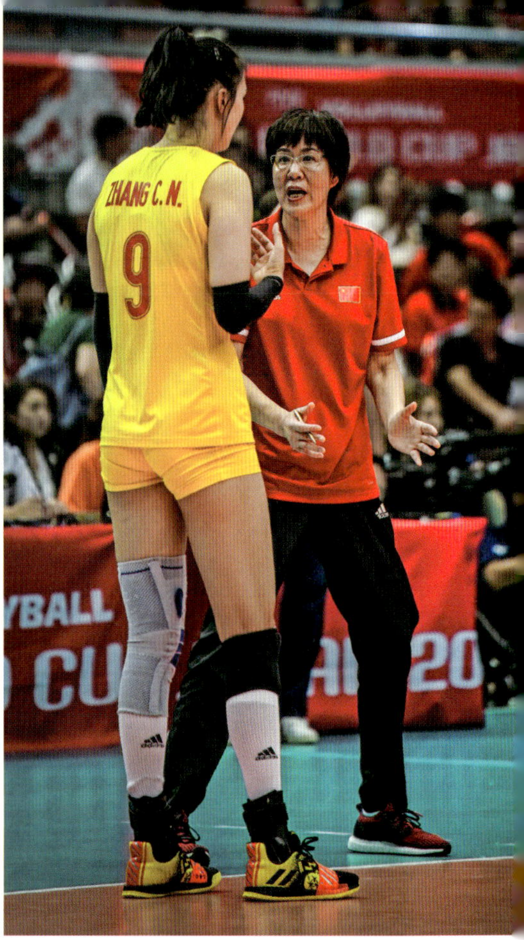
ZHANG C.N.
9

DING X.
16
2

MIKASA
FIVB
YAN N.
17

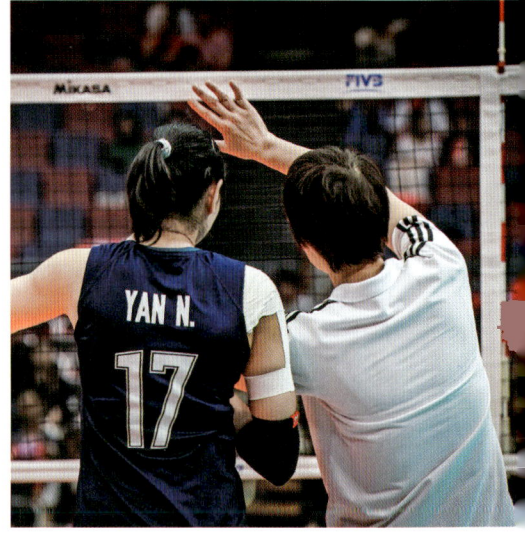

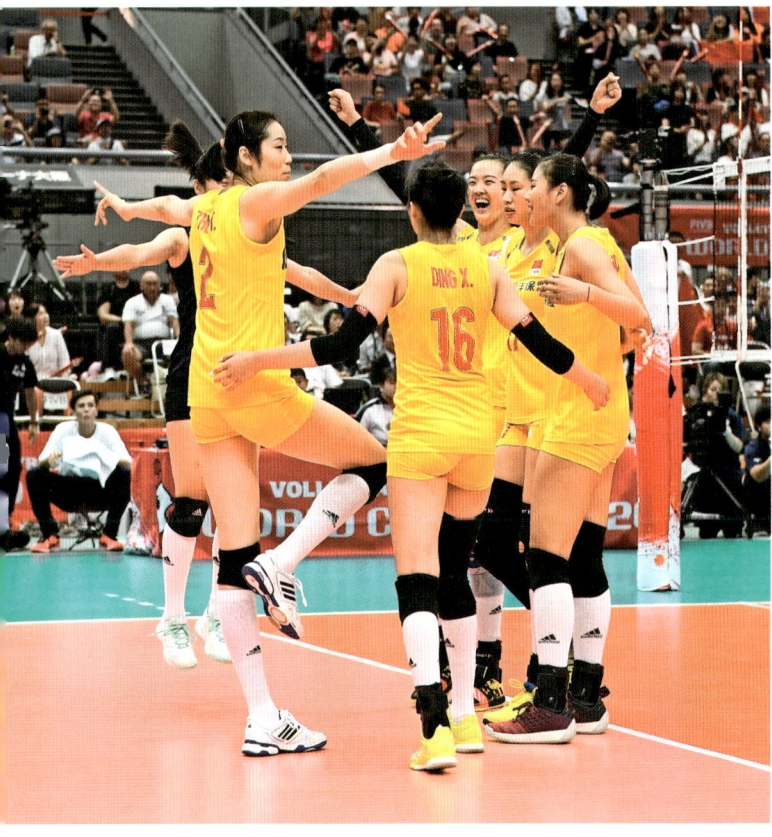

8

虽然已经提前夺冠，最后一个对手阿根廷队的实力也较弱，但郎导希望全队不要放松，赛前她又送给队员们八个字：**不忘初心，有始有终**。最终，队员们一鼓作气以3比0拿下，以十一连胜完美收官。

赛后在接受央视采访时郎导表示，最后一场由于对对手并不熟悉，球员们需要保持专注，特别是已经拿到冠军的情况下，球员们能否压住内心的情绪，是能否把球打好的关键。"其实(夺冠)挺难的，16个队员，挺难的……"说到此处，见惯了大风大浪的她也不禁流下了眼泪，令人动容。

"这一年真的很累，有的时候我累得想哭。"郎导私下里不止一次这样说，"有时候我会想，可能真的是老了吧，年龄不饶人。"

但是说归说,付诸行动的从来都是坚持。

在郎导看来,世界杯夺冠只是完成了一个阶段性任务。"今年集训开始的时候,我们说要踏实积累,不断提高自己,打好每一个球,努力做好每一天。最困难的时候,我们靠着集体的力量相互支撑,很开心大家一起完成了目标,实现了年初的既定目标。**我们做到了不忘初心、有始有终,但是我们的目标还在前面,眼下只是阶段性的胜利。**"

9月30日凌晨，中国女排乘坐包机提前返回北京，当天早上抵达驻地。经过休整之后，郎导带领中国女排全体队员来到人民大会堂参加国庆招待会，会前大家接受了习近平主席的接见并合影留念。

10月1日，庆祝中华人民共和国成立70周年大会隆重举行，郎导率中国女排出现在"祖国万岁"方阵的花车上，这也是她第二次亮相国庆庆典。1984年，刚刚随中国女排夺取洛杉矶奥运会金牌的她，就与队友们胸前挂着奥运金牌，站在中华人民共和国成立35周年庆典的花车上接受荣耀。又一个35年过去，当年二十多岁的姑娘如今已年近花甲，但她依然挂着刚捧回的世界杯金牌站在花车上。

时光让郎平变老，但她为国奉献的热情、勇攀高峰的决心，和当年并无两样。

漫 画

郎导的故事

设计／李秀

文案／文君

时光流逝,转眼郎平要上小学啦

郎平的个头儿越长越高了,站在同龄人当中非常突出

太高啦

哇,郎平好高

郎平的父亲是个体育迷,一有机会就带着女儿去工体看比赛

爸爸今天有时间,可以带你看比赛哦

好耶!好耶!我喜欢

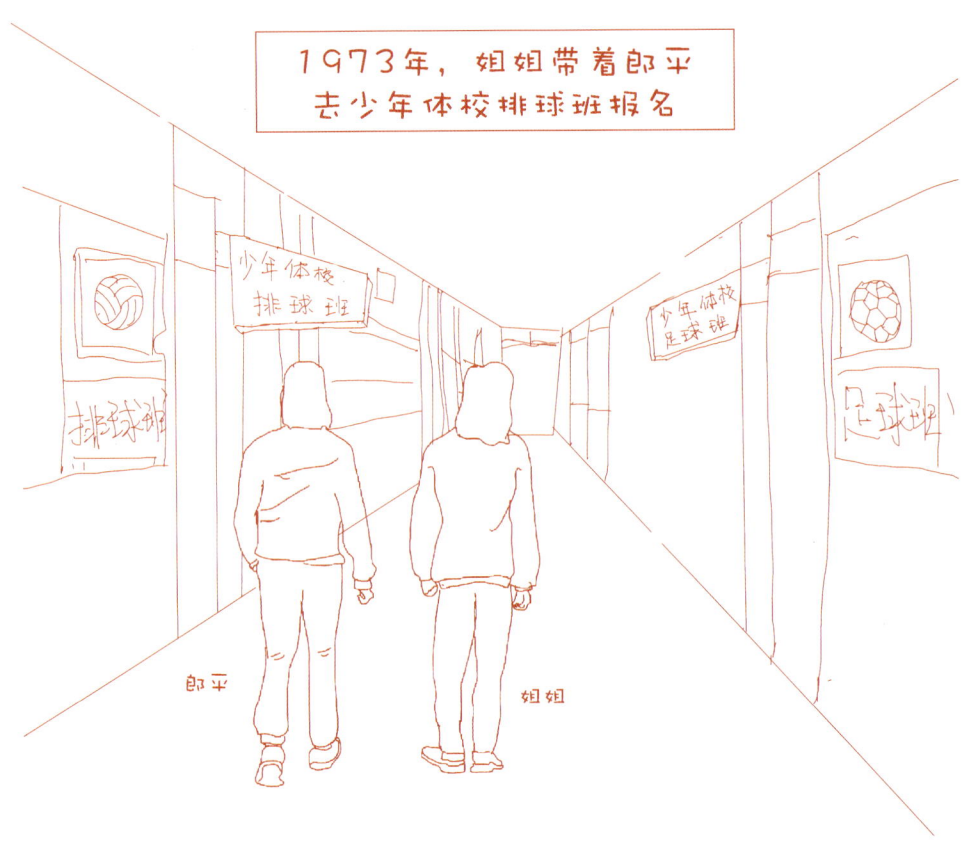

第一次代表国家参加在泰国曼谷举行的亚运会时全队合影

1981年，第三届女排世界杯

中国女排首获世界大赛冠军

经典扣球动作登上邮票

1982年第九届女排世界锦标赛

中国女排摘得冠军

1984年洛杉矶奥运会冠军

中国女排获奥运冠军,实现"三连冠"

1985年世界杯

中国女排再获冠军，
郎平获“最佳选手奖”

1986年，郎平宣布退役

作为助理教练，帮助中国女排
拿到1986年世锦赛冠军

中国女排实现“五连冠”壮举

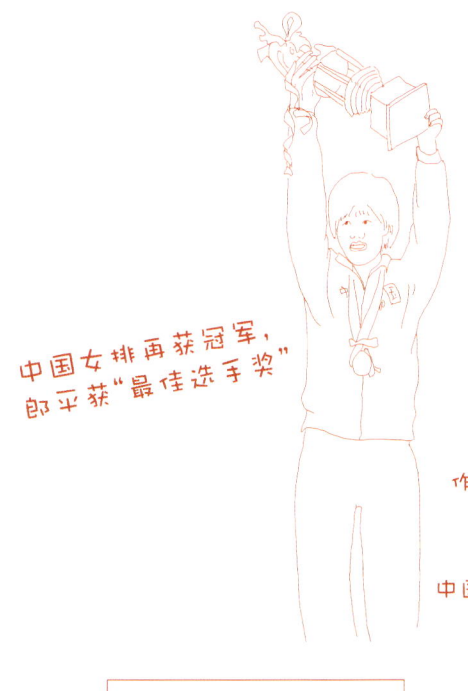

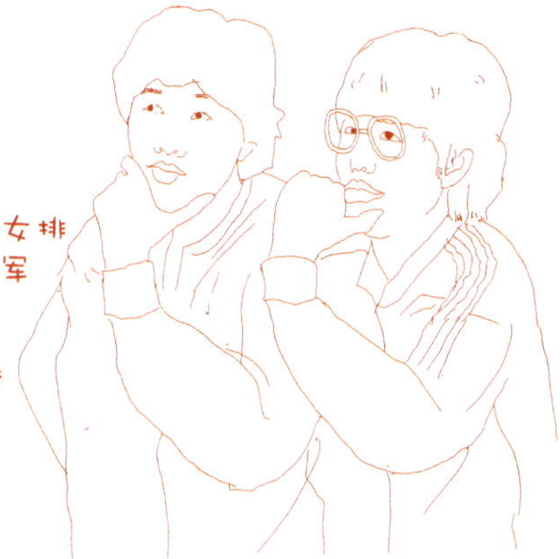

毛毛和平平

1987年，赴美国留学

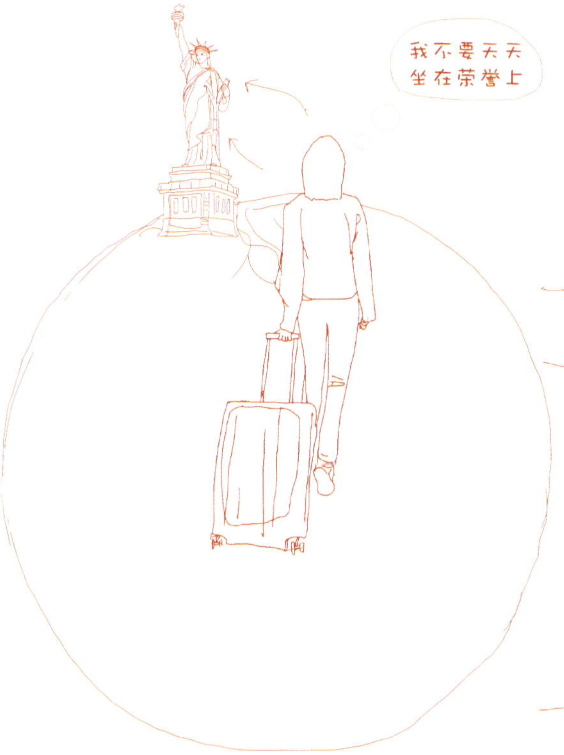

1992年，女儿出生

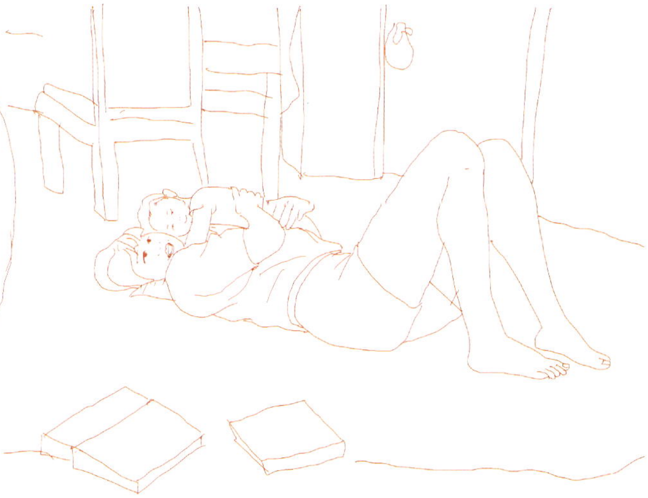

1995年,国家体育总局发来电传

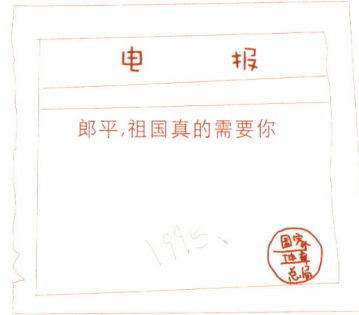

1995年2月,郎平决定回国

刚下飞机的她被媒体围得水泄不通

2月16日,召开新闻发布会

组建教练团队

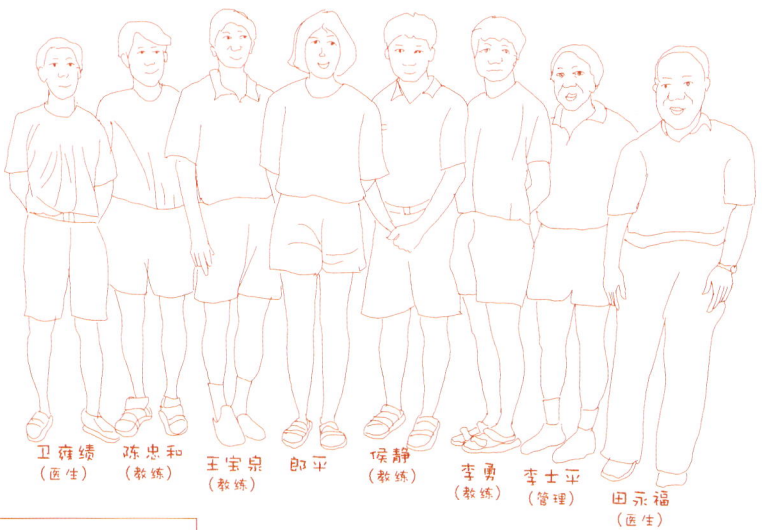

卫雍绩（医生） 陈忠和（教练） 王宝泉（教练） 郎平 侯静（教练） 李勇（教练） 李士平（管理） 田永福（医生）

1996年，亚特兰大奥运会

郎平布置战术中

中国女排最终获得亚军

国际排联破例将奥运会女排队伍中唯一的女教练郎平评为"世界最佳教练员"

奥运会结束后

去美国花更多的时间陪女儿

继续执教

我该怎么选？

选择了继续留任

1998年获世锦赛亚军，亚运会冠军

1999年，郎平出任意大利摩德纳女子排球队主教练

2005年担任美国女排主教练

北京奥运会"和平大战",由郎平带领的美国队和陈忠和带领的中国队正面交锋,现场气氛十分热烈

2009年,回国执教恒大女排

2013年4月25日,再度担任中国女排主教练

我将担任中国女排主教练

2014年世锦赛

率领中国女排获得亚军

2015年世界杯

中国女排成功夺冠

2016年里约奥运会

小组赛2:3负于荷兰女排

四分之一决赛激战五局力克卫冕冠军巴西女排

半决赛3:1战胜荷兰,
报小组赛一箭之仇

赛后龚翔宇抱着郎指导激动地哭了

决赛对阵塞尔维亚女排,
第三节末,
塞尔维亚女排连续追分,
郎指导及时喊了一个暂停

别急着想拿下比赛

中国女排3:1战胜塞尔维亚女排，登顶里约

临近夺冠时刻，收视率飙升，创下收视纪录

女排精神点燃国人激情，赛后郎导对于女排精神的解读被奉为经典：

"女排精神不是赢得漂亮，而是有时候明知道不会赢，也竭尽全力。是你一路即使走得踉踉跄跄，但依然能坚持站起来抖抖身上的尘土，眼中充满坚定。"

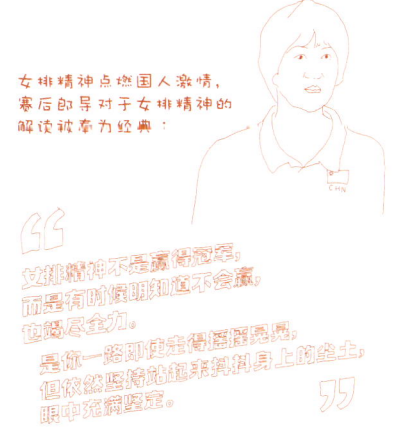

里约奥运周期结束后，郎导于2017年进行了两次手术

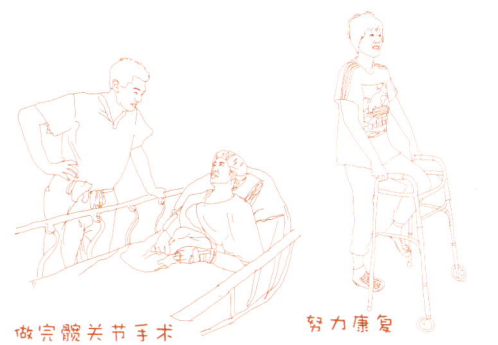

做完髋关节手术　　努力康复

2018年世锦赛

带领中国女排获铜牌

2019年，奥运资格赛

女排姑娘们第一时间拿到了东京奥运资格

2019年女排世界杯临近

走下领奖台，一切从零开始

我们在平时的训练中一定要精益求精，注重每一个细节，不能什么都觉得差不多就行了

2019年女排世界杯

中国女排3:2逆转巴西女排

中国女排3:0击败美国女排

十一连胜庆十一

中国女排在卫冕成功的同时，拿下第十个世界冠军

庆祝中华人民共和国成立70周年大会，中国女排登上"祖国万岁"花车

第1战

目标——升国旗、奏国歌

 VS

中国队　　　　　　韩国队

9月14日

横滨 中国 vs 韩国

9月14日，2019年女排世界杯在日本拉开战幕，中国女排的第一个对手，是亚洲劲旅韩国队。

世界杯的第一场比赛，对于每一支队伍来说都至关重要，队员们要及时适应比赛场馆，迅速进入比赛状态。中国女排派出了自己最强的首发阵容——主攻朱婷、张常宁，副攻袁心玥、颜妮，二传丁霞，接应龚翔宇，自由人王梦洁，可见郎导对这场比赛的重视。结果，面对由曾经的世界第一主攻金软景领衔的韩国队，中国女排以25∶21、25∶15、25∶14成功零封对手，首秀取得开门红，同时也取得了在世界杯赛对阵韩国队的十连胜。

　　首局比赛，双方进入状态都比较快，比分交替上升。中国女排进攻强势，防守灵活，拦网方面发挥出网前身高优势，频频建功，成功遏制对手。而韩国队李在英进攻的出色发挥，给中国队造成不少威胁。战至16平时，郎导请求暂停。之后朱婷和张常宁的扣球接连打成，中国女排以24∶21拿到局点。最后一球颜妮发球破攻，袁心玥快攻掩护，张常宁短球扣中，中国女排以25∶21先声夺人！

　　第二局比赛，两支队伍都加强了后排的进攻。开始阶段中国队对李在英的拦防不够成功，多次造成破坏性拦网，韩国队以8∶6领先进入第一次技术暂停。落后状态下的中国队稳扎稳打，朱婷进攻频频得分，发球屡次建功，颜妮、龚翔宇、袁心玥进攻、拦网精彩不断，而韩国队失误增多，中国女排成功反超并不断扩大比分优势。最终袁心玥发球直接得分，中国女排25∶15再下一城！

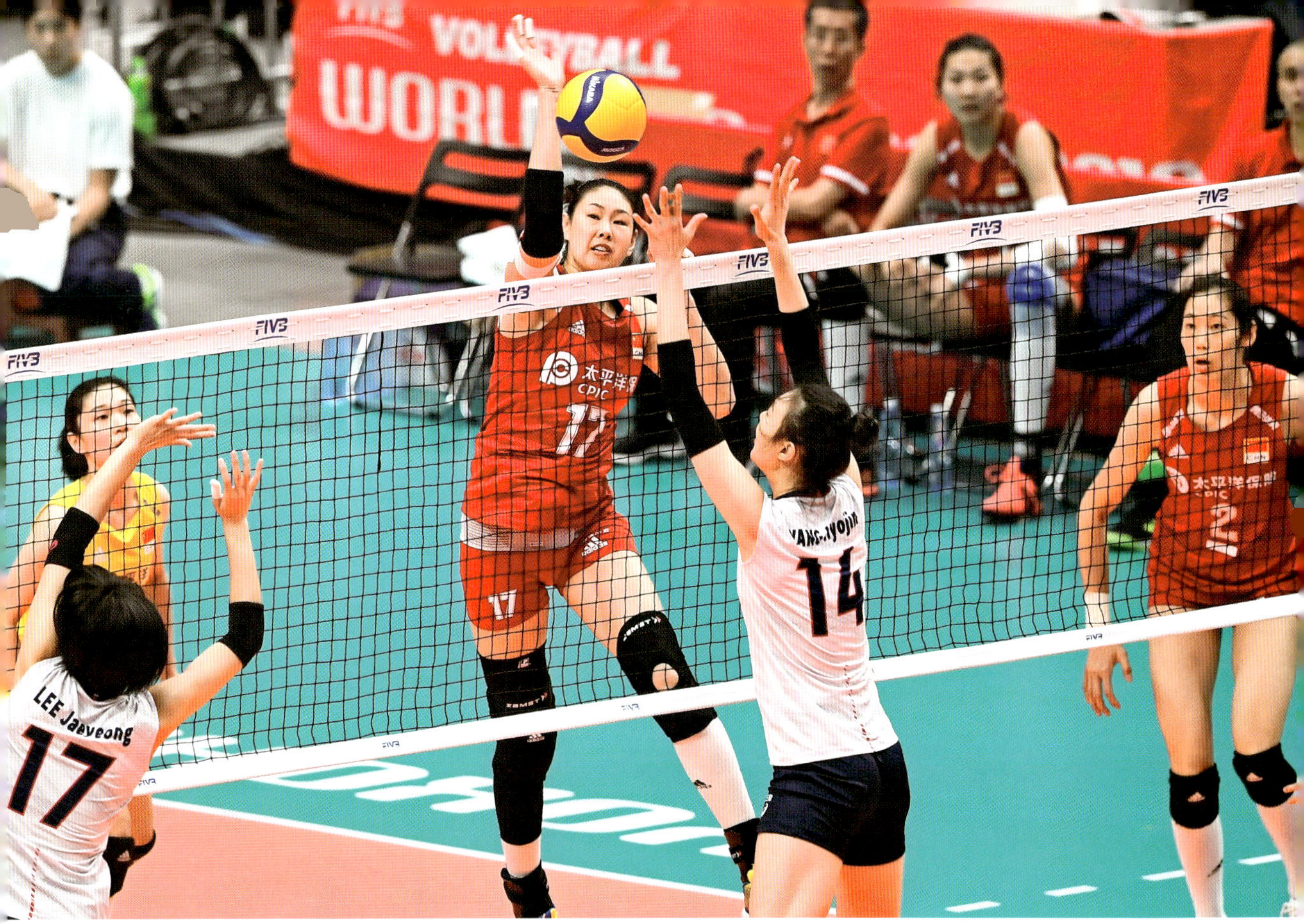
FIVB
VOLLEYBALL
FIVB
太平洋保险
CPIC
17
LEE Jaeyeong
17
14
2

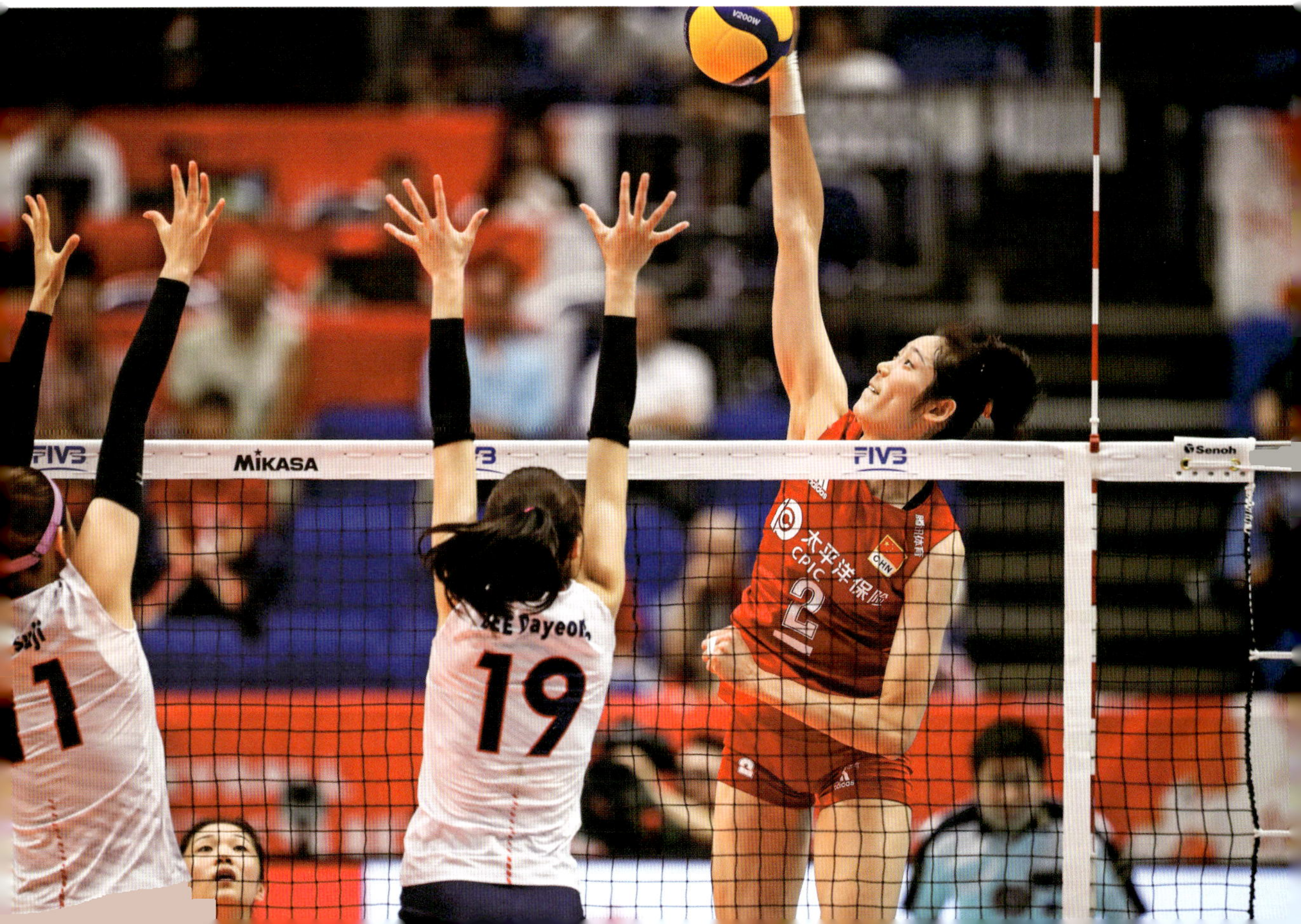
FIVB
MIKASA
FIVB
Senoh
太平洋保险
CPIC
CHN
2
19
1

第三局比赛,中国队在人员方面做出调整,李盈莹换下张常宁。中国队开局慢热,双方一度战至11平。之后中国姑娘们发挥越来越出色,韩国队自我失误不断增多。随着李盈莹发球得分,姚迪拦网建功,中国队以24∶13拿到赛点。最后朱婷四号位扣中,中国女排25∶14锁定胜局,局分3∶0战胜韩国队,取得开门红。

赛后，面对记者"咱们国家队这次世界杯的目标是什么"的提问，郎导表示："只要穿上带有'中国'的球衣，就是代表祖国出征，为国争光是我们的义务和我们的使命，特别光荣。每一次的比赛，我们的目标都是升国旗、奏国歌！"

这番正能量满满的话，登上了14日晚间的《新闻联播》，"升国旗、奏国歌"六个字迅速火遍网络，人们为其中所蕴含的巨大爱国热情和拼搏精神而深深感动。而且，通过这场比赛，可以看出中国女排不仅有目标，有信念，而且有强大实力，

有充分准备!果然,郎导和女排姑娘们没有食言,经过横滨、札幌、大阪三个赛区共 11 场比赛的较量,她们又一次让五星红旗高高飘扬在国际赛场!

揭幕战郎导因为"升国旗、奏国歌"六个字登上热搜,最后一战 3 : 0 击败阿根廷队,中国女排以 11 连胜的战绩完美收官,郎导又因为"哽咽"登上热搜。

"提前夺冠了,我一直担心队员还能否专注于比赛,其实我们这场球挺难打的",就在这一刻,郎导的眼睛里闪烁着泪光。她接着说:"和阿根廷队比赛首局的前半局,大家没有太大的投入,到后面大家感到有些危险了,而后扭转了过来。"郎导停顿了一下,似乎情绪难以平复,又接着说道,"其实挺难的,全队 16 个队员……"郎导再度哽咽。

如果说"升国旗、奏国歌"体现的是郎导霸气自信的一面,那卫冕成功后的哽咽则展现出了"郎妈妈"细腻温情的一面。

因为,她知道队员在卫冕的荣光背后付出了多少辛勤的汗水。球迷们也同样知道郎平多年来都经历了些什么。多次放弃国外的高薪聘请,两次在中国女排处于最低谷时回来"救主",两次拯救队伍于危难之中,在中国女排荣膺十冠王的时刻,让我们道一声:"郎指导,您辛苦了!"

第 2 战

经受锻炼,在赛场上成长

 VS

中国队 　　　　　　　喀麦隆队

9月15日 横滨 *中国 vs 喀麦隆*

本次世界杯，中国女排的第二个对手是喀麦隆队，实力较弱。中国女排轮休了队长朱婷和老将颜妮，由丁霞担任队长，派出了与第一场比赛截然不同的首发阵容：主攻刘晓彤、李盈莹，副攻王媛媛、郑益昕，二传姚迪，接应曾春蕾，自由人林莉。其中既有经验丰富的老将，也有近来表现出彩的新人。最终，中国女排3∶0击败对手，取得两连胜。

首局比赛，中国队对喀麦隆队的进攻手法不太熟悉，拦防办法不多，双方比分交替上升，第二次技术暂停时中国女排以 16∶15 领先。暂停后，刘晓彤跳发建功，郑益昕反击得手，李盈莹进攻犀利，王媛媛和曾春蕾拦网得分，中国队将比分拉开，最终以 25∶18 先下一城。

  第二局比赛,中国女排在进攻上多点开花,比分一路领先。拦网方面开始时起跳太早,拦网节奏和对方进攻节奏不吻合,使喀麦隆队频频进攻得分。技术暂停时郎导一直提醒队员们拦网要压住,晚跳!比赛后半段中国队及时调整拦网节奏,有效遏制了对方的进攻。随着刘晏含二号位扣中,中国女排以25∶14再下一城。

　　第三局，中国女排对阵容进行微调，刘晏含顶替曾春蕾出任接应位置。比赛一开始，喀麦隆队强势进攻，中国队一传到位率偏低，进攻受阻，首次暂停时以2∶8落后。郎导用"两点换三点"战术调整场上节奏，丁霞和龚翔宇登场替换下姚迪和刘晏含。中国女排在大比分落后的情况下，依旧保持冷静的头脑和永不言弃的精神，顽强追至12平，到第二次技术暂停时以16∶15领先。随后喀麦隆队一度紧咬比分，但19平后中国队连得3分，以22∶19领跑，李盈莹扣球得分，喀麦隆队失误，中国女排以25∶19锁定胜局。

这场比赛中，李盈莹独得22分，刘晓彤拿到9分，曾春蕾、郑益昕各得6分，王媛媛收获5分，龚翔宇、刘晏含和杨涵玉替补各取2分。19岁的李盈莹扛起了队伍的进攻大旗，在困难阶段帮助球队不断追分，成为获胜的最大功臣。24岁的郑益昕和22岁的王媛媛等在进攻、拦网上也有精彩表现。

郎导在赛后采访中说道："这场比赛给了更多年轻队员机会，我们派更多年轻队员上场，给更多球员比赛机会。比赛还是有起伏，队员在场上阅读对方战术，对比赛的应变比较慢。这场比赛是对我们的一种锻炼。"

"二年级生"李盈莹相比去年世锦赛时，表现得更为稳定。本场比赛，她在进攻方面26扣19中，还贡献了3个拦网得分，追平了朱婷首战韩国队时的高分。

第三局中国队一度落后喀麦隆队，关键时刻李盈莹挺身而出，她先是一记左手直线得分，18∶17帮助中国队实现反超；赛点时刻，她再次强攻，一锤定音！

李盈莹认为自己在本次世界杯是打一场进一步，"即使没有上场，在场下对我来说也是一种学习，向朱姐（朱婷）和张常宁这些打同一位置上的姐姐，学习一些打法，包括思想和意志上的一些东西"。

两年前李盈莹还是刚进入天津女排一队的青涩少女，如今已经是中国女排实力超新星，如"火箭"般蹿升。世界三大赛，这位"00后"已经登上过世锦赛和世界杯的舞台，2020年东京奥运会她又会给我们带来怎样的惊喜呢？

第3战

多点开花，酣畅淋漓的三连胜

 **VS**

中国队 　　　　　俄罗斯队

9月16日

横滨 中国 VS 俄罗斯

世界杯进入第三个比赛日，连胜两场的中国女排迎战欧洲劲旅俄罗斯队，中国女排派出的首发阵容为主攻朱婷、张常宁，副攻袁心玥、颜妮，接应龚翔宇，二传丁霞，自由人王梦洁。面对同样取得两胜的对手，中国姑娘们打得十分流畅，一传保障到位，二传丁霞有效地调动出了所有攻击点，攻手们多点开花，发球、拦网也均表现良好，从各个方面压制住对手，最终以3：0横扫俄罗斯队，酣畅淋漓地赢得三连胜。

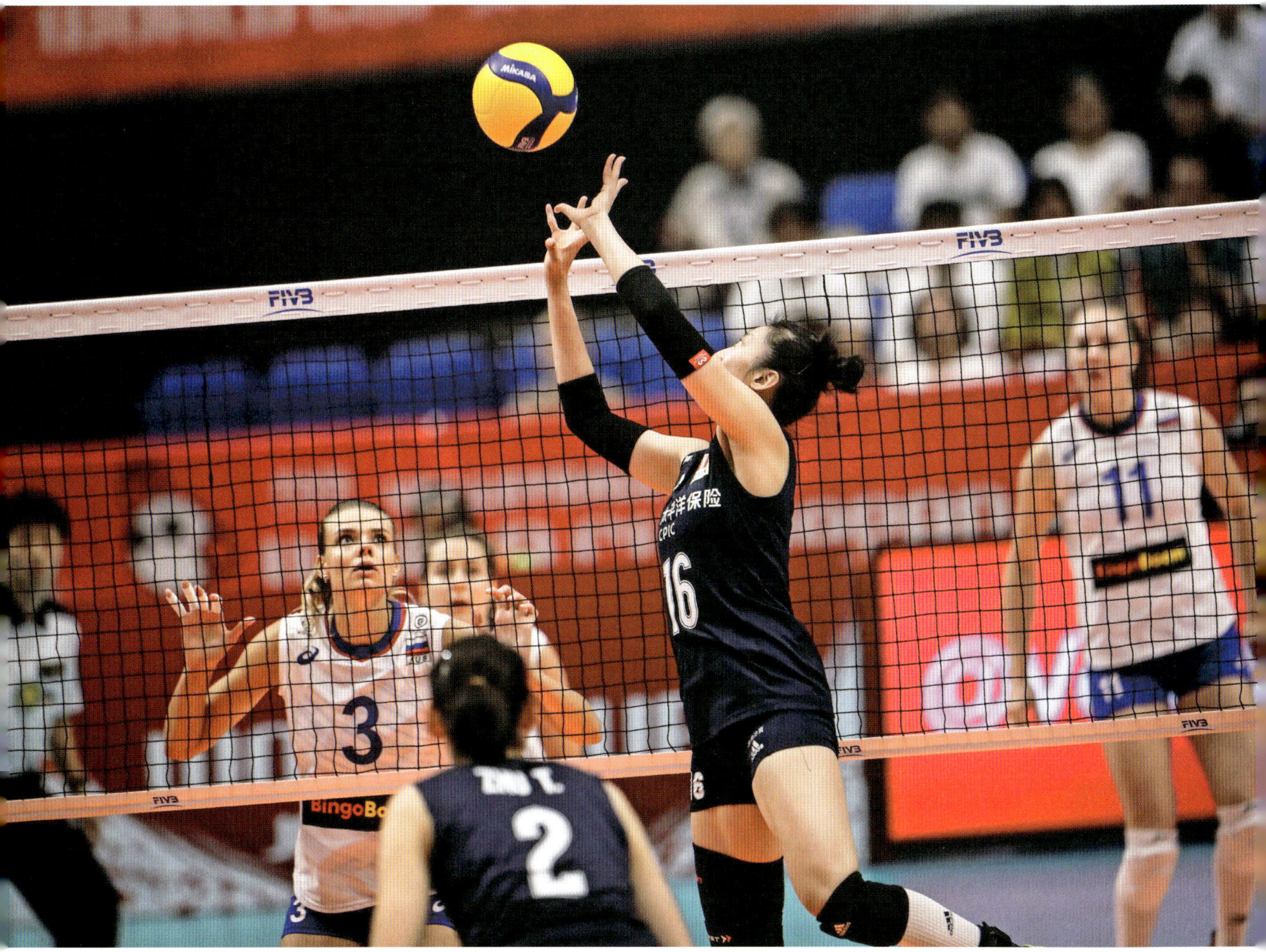
FIVB
太平洋保险
CPIC
16
3
2
11

FIVB
VOLLEYBALL
太平洋保险
CPIC
9
13

MIKASA
CPIC
18

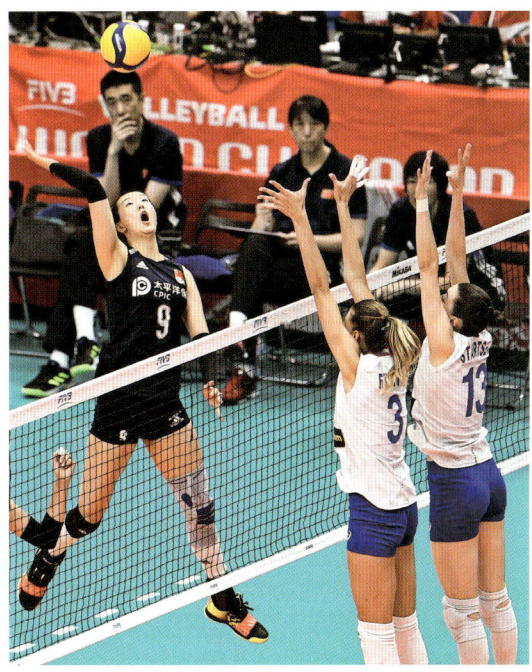

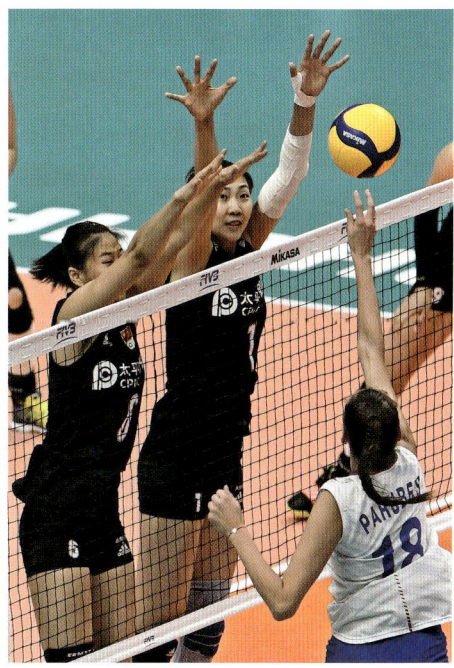

  第一局，第一次技术暂停时中国队 5∶8 落后于俄罗斯队，姑娘们不急不躁，通过丁霞的发球及颜妮的快攻、张常宁的反击，将比分追至 10 平。之后张常宁扣球连连建功，袁心玥拦住伊尔琴科的突破，更以 14∶11 反超。到第二次技术暂停时中国女排 16∶12 领先。暂停后，龚翔宇、袁心玥、朱婷接连进攻得分，张常宁发球直接得分，中国队以 20∶13 领先。落后较多的俄罗斯女排换上多名替补，攻手打法上的转变对中国队造成一定的威胁，比分追至 23∶21。中国队及时稳住阵脚后，袁心玥快攻将比分定格在 25∶22，中国队先胜一局。

　　第二局，俄罗斯队的接应冈察洛娃、主攻沃隆科娃和二传斯塔特塞娃均未首发。旨在出奇制胜的俄罗斯队未能干扰到中国女排，其新阵更没能抵挡住袁心玥的强发球轮，开局便以1∶6落后。反观中国女排，在发接环节表现优异，一传组织成功率很高，进攻方面更加强势，让对手束手无策。中国队一直保持领先优势，最终以25∶16再赢一局。

　　第三局，俄罗斯队换回常规阵容，双方开始"吊球大战"，中国队在第一次技术暂停时以8∶5占先。之后中国女排将比分优势扩大为11∶6，而俄罗斯队利用沃隆科娃的反击追至10∶13。这时郎导叫了一次暂停，布置完战术后，她跟队员们说："现在比分咬得很紧，大家不要着急！"暂停过后，朱婷强攻和探头接连命中，颜妮和龚翔宇封死沃隆科娃的重扣，郎导的暂停战术十分有用，中国队连取3分，以16∶10领先进入第二次技术暂停。此后中国女排一直以大比分领先，最终以25∶18拿下第三局。

中俄女排都是世界传统强队,双方都拥有深厚的底蕴。中国女排用近乎完美的表现力克俄罗斯队,"北长城"颜妮功不可没。本场比赛,她入账8分,在攻防两端都有着出色的发挥。

今年世界杯,颜妮除了在攻防两端表现惊艳外,她右肩膀上缠着的厚厚胶带也成为比赛的亮点。这位32岁的老将,肩膀、膝盖、脚踝都有伤,这次比赛也是吃止疼药才坚持下来的。伤病有时甚至会令其半夜疼醒,但她总是咬牙坚持。

苦心人,天不负,在本届世界杯上,颜妮拦网得分34分,局均0.94分,位列

拦网榜第二,最终荣膺最佳副攻殊荣。在被问及听到自己得到奖项是什么心情时,颜妮说道:"心情特别激动。"2016年颜妮接受采访时曾表示计划退役,可是如今还在坚持,当被问到坚持的动力是什么,这位老将给出答案:"我只能回答你,顺其自然,训练力争做到最好。"

日复一日的刻苦训练,才顺其自然地造就了颜妮的大器晚成。若要追溯这股坚持的原动力,那便是女排精神的传承。从"长征精神""大松精神""竹棚精神",到新时代女排精神,一代又一代的女排姑娘用顽强拼搏、团结协作撑起了中国"三大球"的荣耀。

诚如颜妮所言:"我觉得其实我在中国女排,是让我感觉到光荣和自豪的一件事。"

第4战

全力以赴,再次零封对手

 VS

中国队　　　　　　多米尼加队

9月18日
横滨 中国 vs 多米尼加

  9月18日，休战一天的中国女排迎来本次世界杯的第四场比赛，当天的横滨下起了小雨，天气有些许阴冷，姑娘们一身红衣出场，立刻就将现场的气氛燃了起来。面对多米尼加女排的缠斗，中国女排又一次成功零封对手，豪取四连胜。

  本场中国队的接应曾春蕾和副攻郑益昕未进入14人名单。中国女排首发阵容微调，李盈莹代替张常宁，与朱婷搭档主攻；副攻颜妮、袁心玥，接应龚翔宇，二传丁霞和自由人王梦洁仍被委以重任。

首局相持到 4 平后，朱婷后攻打中，B.马丁内斯进攻踩线，袁心玥封死里维拉的扣球，中国队连获 3 分以 7∶4 占先。之后中国队攻防均表现稳定，一直保持领先。当多米尼加队将比分追至 17∶19 时，朱婷扣球成功，对手扣球失误，李盈莹和颜妮连续拦网得分，中国队再次将优势扩大为 23∶17。最后袁心玥快攻命中，中国女排以 25∶19 先下一城。

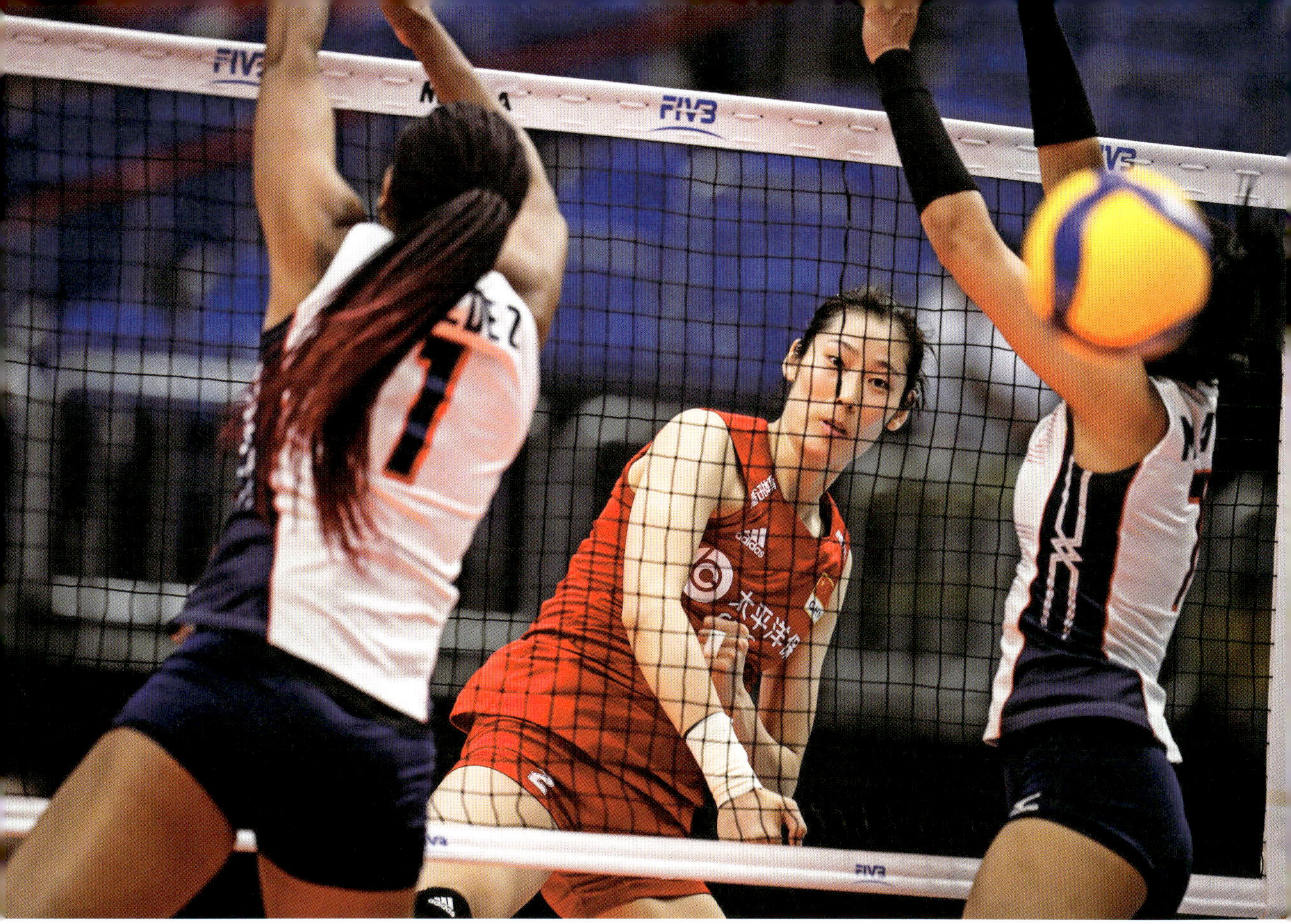
FIVB
1

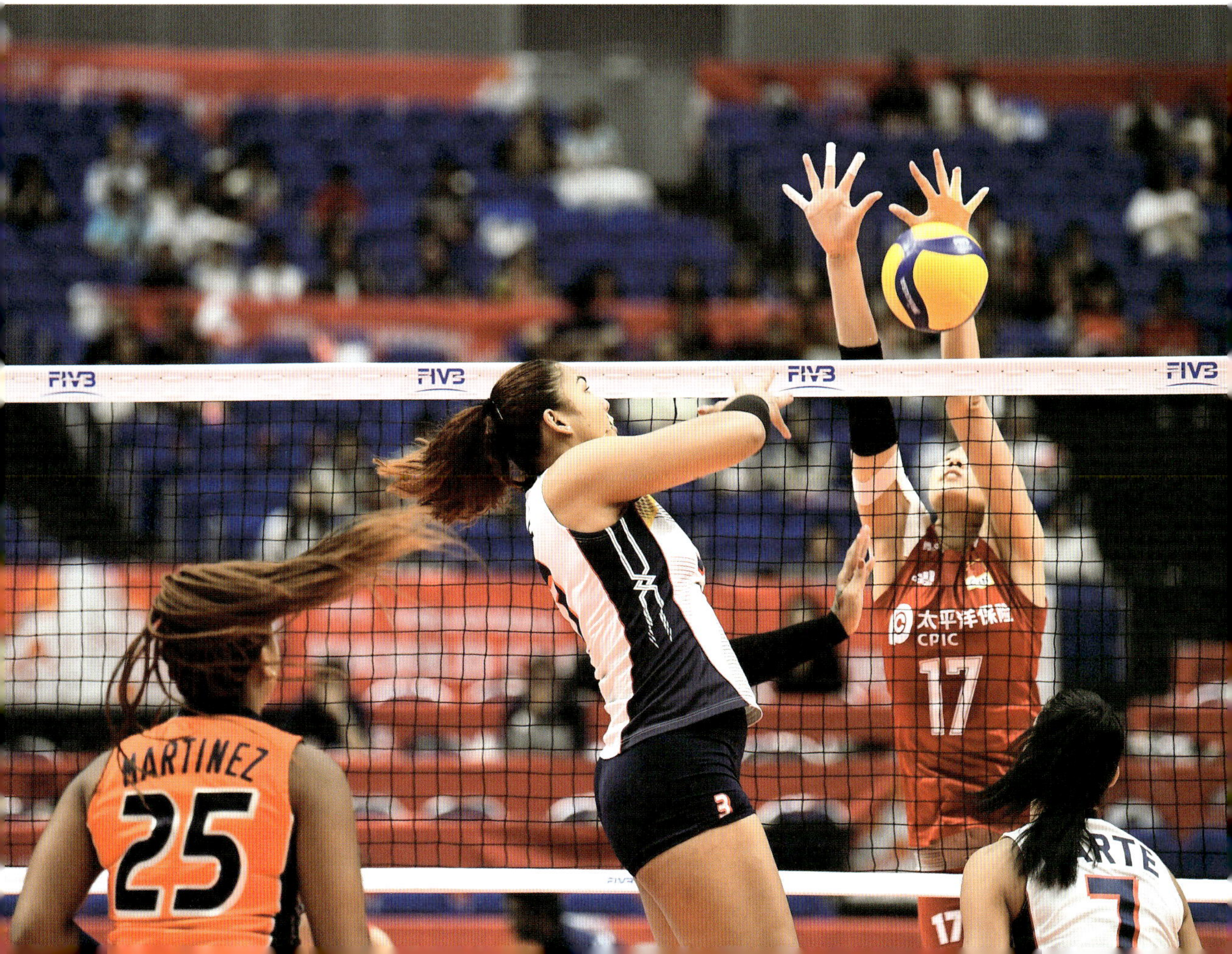
FIVB
太平洋保险
CPIC
17
MARTINEZ
25

  第二局多米尼加队调整接应，4平后中国队凭借李盈莹的突破以6∶4超出。里维拉反击扳成6平，龚翔宇救球时与李盈莹相撞，导致手部戳伤，由张常宁入替出任接应。好在这一变故并未给中国队的情绪造成过大影响，袁心玥快攻和探头接连建功，中国队在第一次技术暂停时以8∶6占先。第二次技术暂停后，多米尼加队用B.马丁内斯替换里维拉出任主攻以求改善进攻，但她一传不稳，被朱婷反吊，中国队将比分拉开到18∶13。中国队以23∶17的优势占先之际，在瓦尔加斯的发球轮，一传出现波动，被追至19∶23。朱婷强攻以24∶19拿下局点，多米尼加队连扳2分后反击忙中出错传球连击，中国队以25∶21再下一城。

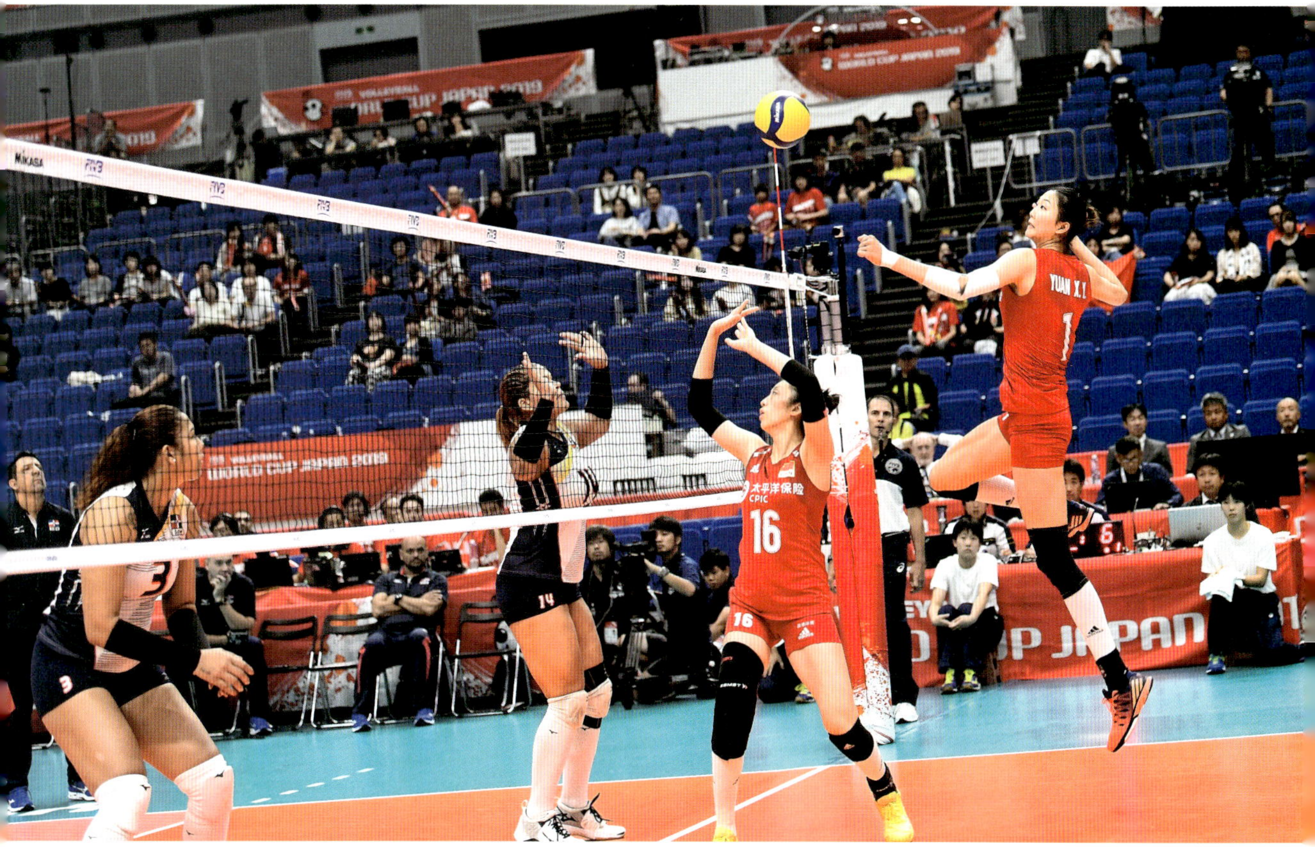
太平洋保险
CPIC
16
YUAN X.Y
1
14
3

太平洋保险
CPIC

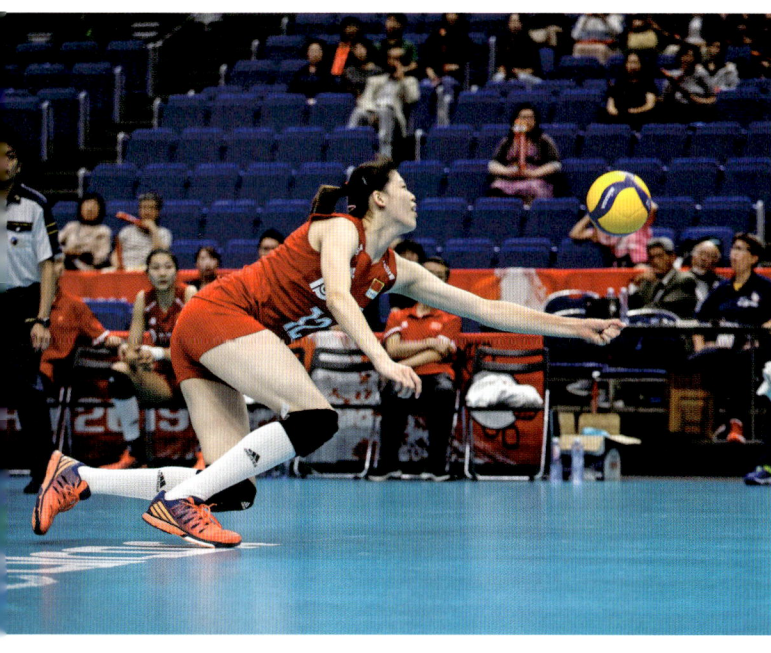

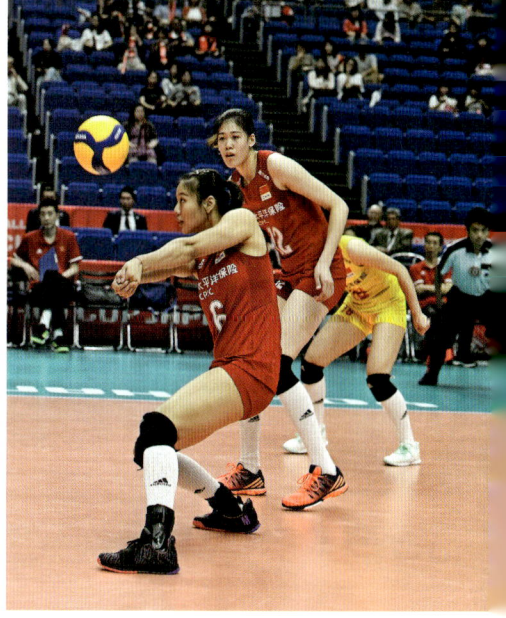

　　手伤无大碍的龚翔宇在第三局重新投入战斗。朱婷发扣强势，袁心玥快攻稳健，李盈莹连续下球，中国队一路领先至17∶12。这时郎导两点换三点，由二传姚迪和接应刘晏含换下丁霞和龚翔宇。多米尼加队在德拉克鲁兹的发球轮强势涨分，将比分迫近到15∶17。朱婷进攻稳定军心，袁心玥发球直接得分，刘晏含拦网成功，中国队连夺3分以21∶16领先。朱婷强攻将比分定格在25∶19，中国队以3∶0战胜多米尼加队。

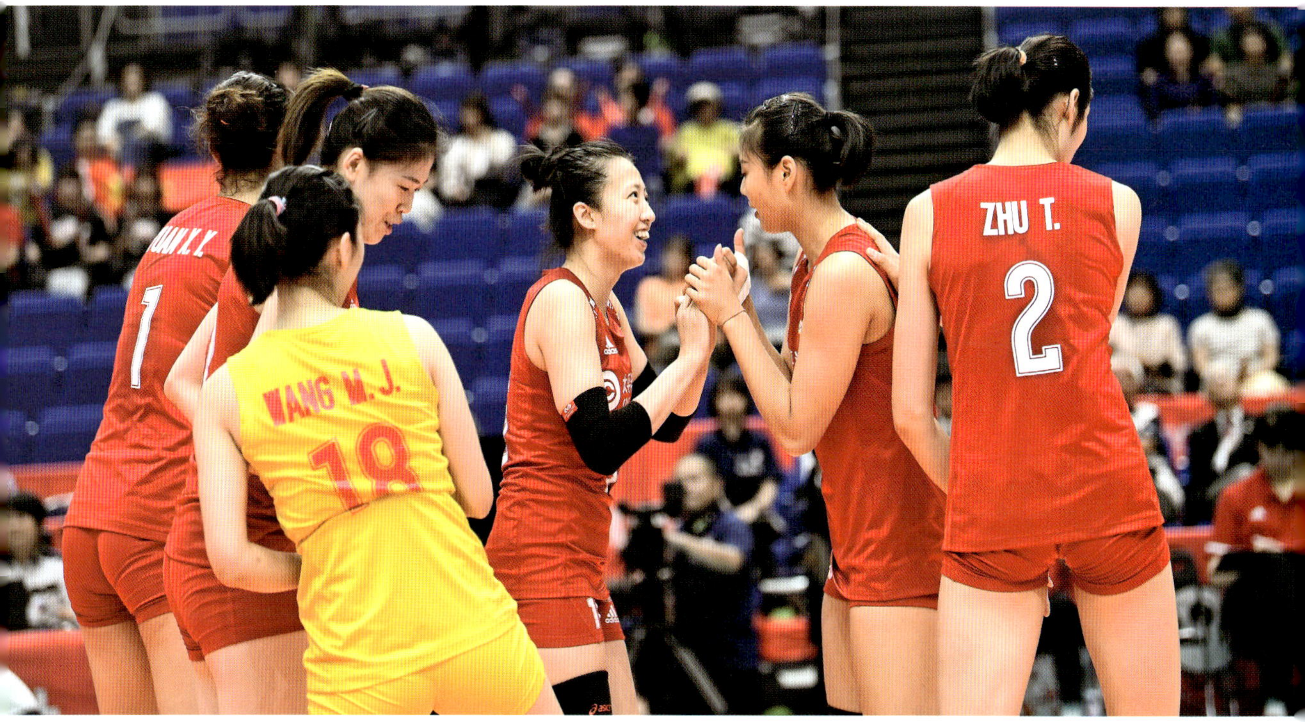
ZHU T.
2
WANG M.J.
18

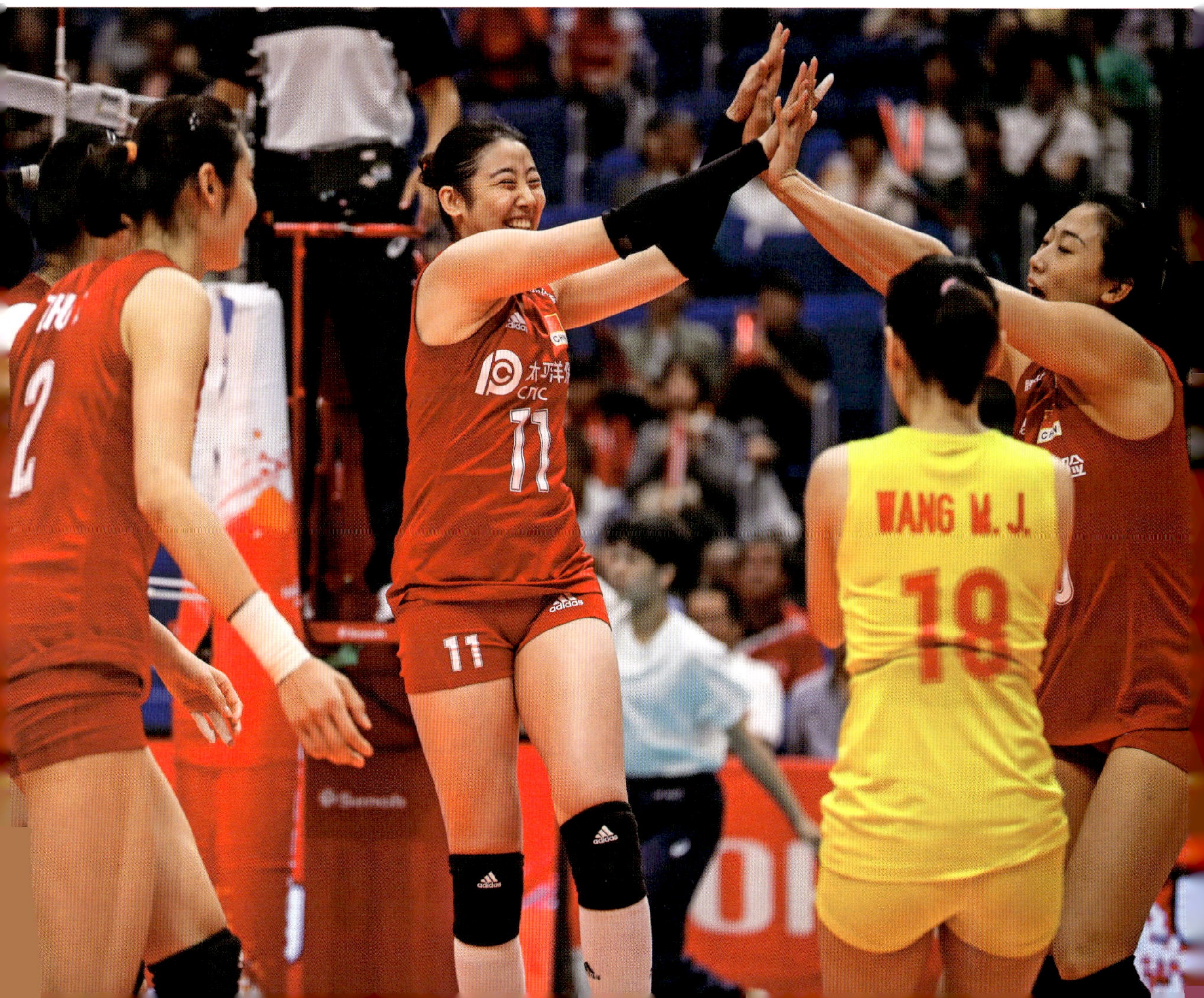
11
WANG M. J.
18

"教练，我想打球。"经过"胶布大户"颜妮简单的包扎，做过冰敷处理后，很快"小宇宙"就坐不住了，跑到领队赖亚文面前主动请缨。第三局首发上场的龚翔宇在开场后就依靠进攻拿到1分，随后她又以一记网前吊球得分。看到小宇的表现，本来为她揪着一颗心的队友们也彻底放心了。

本场比赛，龚翔宇拿到6分，得分全都来自进攻。她12扣6中，进攻得分率为50%。赛后接受采访时她表示："手没什么事儿，做一些应急处理差不多没什么事了。当时有点儿疼，后来好多了。"

轻伤不下火线，即使手指被戳伤，龚翔宇仍全情投入比赛，随时准备上场。这让我们从她身上看到了"全力以赴拼到底"的女排精神，而这也是体育竞技场上最难能可贵的闪光点。

本届世界杯，龚翔宇几乎保持了全勤，是出场时间最长的球员，堪称中国女排队内的"劳模"。给力的进攻端，积极的防守，出色的把边拦网，以及纯熟的调整传球，"劳模"打出高光表现彰显全面型接应的价值。

第5战

势如破竹,豪取五连胜

 VS

中国队　　　　　日本队

9月19日

横滨 中国 vs 日本

中国女排本届世界杯的第五个对手是东道主日本队，在这场焦点大战中，女排姑娘们势如破竹，以较大优势3∶0完胜日本女排，豪取五连胜。

中日大战，渊源颇深。1981年女排世界杯，中国女排经过激烈争夺，最后以3∶2战胜上届冠军日本女排，以七战七捷的成绩首次获得世界冠军。中国女排与日本女排的对决，向来备受瞩目，今日的对决也不例外。现场座无虚席，许多日本球迷都来到现场为主队加油。而到场的中国球迷虽然人数不多，却十分给力，阵阵"中国女排加油"的助威声，响彻球馆。

中国女排派出的首发阵容为主攻朱婷、张常宁，副攻颜妮、袁心玥，二传丁霞，接应龚翔宇，自由人王梦洁。比赛中，丁霞盘活了全队进攻，中国女排五位选手得分上双，张常宁得到全场最高的19分，朱婷得到14分，袁心玥13分，龚翔宇12分，颜妮11分。日本女排无人得分上双，新锅理沙拿到全队最高的8分。

　　首局比赛，中国队在刚开场时自身失误略多，3∶6落后。但队员们很快调整好状态，在进攻上强压对手，并且很快适应了日本队的进攻节奏，在拦网上显示出明显的优势。张常宁四号位斜线扣中，紧跟着发球得分，中国女排以10∶9反超。朱婷四号位势如破竹，连续下球，颜妮拦死石井优希扣球，帮助球队以13∶10拉开比分。之后中国女排进攻、拦网全面开花，一路领先，随着朱婷和袁心玥配合双人拦网得分，中国女排以25∶17先声夺人。

　　第二局，中国女排打出25∶10的分差。除了进攻和拦网继续发挥，另一制胜法宝则归功于中国队的发球。对阵日本队，我们的发球战术是避开新锅理沙，这使日本队的一传到位率大大下降。在第二局的后半段，张常宁连续发出7记球，其中依靠连续发直线球拿到5分，让比分来到23∶7。日本队教练中田久美在这7分里提出两次技术挑战，但都以失败告终。

　　第三局，中国女排在一传方面做得很好，到位率达到 50% 以上，为每次进攻做好了基础准备，保持了前两局强势的进攻，以及铜墙铁壁式的拦网，一直在比分上压制对手。随着颜妮快球打成，中国女排以 25∶17 锁定胜局，局分 3∶0 横扫日本女排，取得五连胜。

　　日本女排是一支极具特色的队伍，与欧洲队伍和中国队相比较，日本队员的平均身高偏低，但打球速度很快，战术节奏灵活多变，其主要特点还是那极顽强的防守。从比赛中来看，日本队在赛前对中国队每一位攻手都进行过深入的分析，面对中国队的进攻，日本队都做出相应位置的防守站位安排。与日本队交手，中国队的优势在于高拦网和进攻，中国姑娘们利用网上优势，非常有效地遏制住了日本队。

　　作为本场比赛的首发主攻，22扣12中2拦5发的张常宁砍下全场最高的19分。首局比赛，无论在到位平拉开抑或暴露性强攻，张常宁均表现出一流的进攻水准，清晰的线路分化、丰富的打吊组合使对手防不胜防。第二局，张常宁连发7球狂刷5记ACE的表现更是让对手没了脾气，见证这一逆天操作的日本网友，惊呼张常宁的发球为"魔球"。

赛后新闻发布会上，得到全场最高分的张常宁表示："日本（女排）是支非常顽强的队伍，我们今天赢得比赛很高兴，之后会继续努力。"日本媒体也注意到张常宁的发球表现，有记者在新闻发布会上问她这跟本次世界杯赛启用的新球有没有关系。张常宁说，她没感觉到新球和旧球的区别，发球靠的是技术。

张常宁说完，坐在她身边的朱婷冲她做了个鬼脸、挤了挤眼睛，对她的"霸气"回答很是赞赏。

第6战

遭遇冲击，逆转取胜

 VS

中国队　　　　　　巴西队

9月22日

札幌 中国 vs 巴西

9月22日,女排世界杯开始了第二阶段的争夺,身处札幌赛区的中国女排迎来老牌劲旅巴西女排,遭到对手的顽强抵抗。整场比赛巴西队的防守做得十分出色,多次高质量防起中国女排的重扣球并组织有效进攻,给中国队造成不少威胁。而且其主要攻手加比的扣球点离网较远,对中国队的拦网节奏也造成一定影响。面对困难,中国女排沉着冷静,快速应变,最终逆转对手,以3∶2取得六连胜。

本场比赛中国女排派出的首发阵容依然是主攻朱婷、张常宁,副攻颜妮、袁心玥,二传丁霞,接应龚翔宇,自由人王梦洁。

首局比赛，中国女排率先进入状态，取得 19∶14 的领先。不过随后巴西女排提高了防守的质量，逐渐将分差迫近。局末阶段，巴西女排在 21∶24 落后的情况下连救两个局点，最终袁心玥在三号位的扣球帮助中国女排以 25∶23 拿下首局的胜利。

  第二局中国女排开局处于被动，在第一次技术暂停时以 6 ∶ 8 落后。此后中国女排虽然几度将比分追平，但是对巴西女排攻手的网上遏制做得不是很好，最终以 23 ∶ 25 失利，丢掉了本届世界杯第一局球。

  第三局中国队变阵，换上李盈莹和朱婷作为主攻线，把张常宁改成接应，以加强中国队二号位上的进攻实力。在发球方面增加攻击性，主要发给加比，以遏制巴西队的最强进攻点。局中阶段，中国女排取得 19∶14 的领先。不过巴西女排请求暂停后，回到场上开始了连续追分的节奏，将比分追到 20 平。中国女排主帅郎平调兵遣将，曾春蕾、姚迪、龚翔宇先后上场。在巴西女排以 24∶22 拿下局点后，中国女排连续两次飞一传，直接丢掉第三局比赛。

  关键的第四局，中国队再次变阵，龚翔宇顶替张常宁出任接应，主攻依旧是朱婷和李盈莹。中国队在比赛中不断通过拦网遏制对方的进攻，在进攻方面也改变战术，不再是一味强攻，开始打吊结合。虽然巴西队顽强抵抗，但中国姑娘们承受住了压力，发挥出色，战术执行到位，以 25∶19 的较大优势拿下关键一局。

　　决胜局一开始，郎导向队员们喊道："从零开始去冲！"中国女排强势的进攻和高压拦网对巴西队造成很大的心理压力，队员们越打越自信，以 8∶5 领先交换场地。易边再战，中国女排继续在网口给对手施压，朱婷和袁心玥的进攻接连打成，帮助球队拿到赛点。关键时刻，加比强攻打出界外，中国女排以 15∶9 锁定胜局。

在这场比赛中，作为副攻的袁心玥全场35次进攻拿到19分，拦网进账7分，总计收获26分，与朱婷并列成为得分王。赛后，许多媒体大赞袁心玥，认为她是"中国队逆袭巴西队最关键的人物"。女排前国手魏秋月也评价说："袁心玥今天表现很好，不管是进攻还是拦网都做出很大贡献。"

2018年女排世锦赛，中国女排两次不敌意大利。其中至关重要的半决赛，中国队以2：3惜败，无缘最后的决赛。那场比赛结束后，担纲主力副攻的袁心玥，全场比赛拦网一分未得，遭到了外界铺天盖地的批评。从那时开始，袁心玥状态下降，进入瓶颈期，她是否还是世界一流副攻等，成为球迷热议的话题。

2019年世界杯，朱婷得到178分，张常宁得到117分，而袁心玥得到116分，排队内第三，仅比张常宁少一分。从2018年世锦赛后的饱受批评，到2019年"空中巨无霸"的横空出世，袁心玥实现了一次完美的人生蜕变。

世界杯归来后,身为八一队员的袁心玥又迅速投入到军运会的女排比赛,最终决赛惜败于巴西队。在赛后采访中,袁心玥直言,面对 2020 年东京奥运会,自己和中国女排都还有提升的空间,也有希望变得更加强大:"我觉得(中国女排)还可以更稳固吧,然后明年训练我觉得肯定会更细致,然后针对她们(对手)和针对我们自己的问题。我相信只要努力了,肯定还是会有收获的。"

第7战

气势如虹，零封最强对手

 VS

中国队　　　　　美国队

9月23日

札幌 中国 vs 美国

2019年女排世界杯在9月23日迎来了一场焦点大战，此前同样是六连胜的中国女排与美国女排上演强强对话。最终，中国女排以3：0全面压制美国女排，迎来七连胜。

当天的札幌下起了淅淅沥沥的小雨，天气有些许阴冷。当地时间13:30左右，女排姑娘们抵达赛场。中巴女排大战，朱婷和袁心玥都拿到26分，并列成为得分王。从下车伊始，这对球衣号码连着的搭档就形影不离，仿佛在商量着待会儿怎么赢下对手。

本场比赛中国女排派出的首发阵容为主攻朱婷、张常宁，副攻颜妮、袁心玥，二传丁霞，接应龚翔宇，自由人王梦洁；美国女排派出的首发阵容为主攻罗宾逊、拉尔森，副攻奥格博古、华盛顿，二传波尔特，接应德鲁斯，自由人考特尼。

　　首局比赛，双方打得都比较耐心。中国女排吸取前一天对阵巴西队的经验，开场第一球颜妮一个主动吊球得分——往往强强对决时，主动吊球会让防守队员措手不及。第一次技术暂停时中国女排以 8 ∶ 6 占先。之后朱婷扣斜线命中，张常宁拦网得分，中国女排以 16 ∶ 9 扩大战果。比赛中自由人王梦洁防守表现神勇，多次将美国队的大力扣球有效防起，并组织漂亮的反击球。作为前排的指挥者——二传，丁霞传球也越来越灵活，在大比分领先的情况下，大胆与攻手们组织战术，长短球相结合，让美国队的拦网球员束手无策。最后拉尔森发球失误，颜妮发球直接得分，中国女排以 25 ∶ 16 拔得头筹。

  第二局比赛，中国队开局以 8 ∶ 6 领先进入第一次技术暂停。随后双方你来我往，中国队以 14 ∶ 12 继续占优。罗宾逊扣大斜线直接界外，朱婷拦网得分，中国女排以 18 ∶ 12 迫使基拉里请求暂停。罗宾逊发球下网，袁心玥防守起球，朱婷反击得分，中国队以 20 ∶ 13 扩大战果。多球来回朱婷和颜妮配合双人拦网得分，中国女排以 22 ∶ 14 占据主动权。随着龚翔宇直线打中，中国女排以 25 ∶ 17 再下一城。这一局最精彩的是，副攻袁心玥扣球被对手救回来后客串二传，背垫传球，直接传给了二传丁霞，丁霞在二号位毫不犹豫跃起扣球，斩获一分！由此可见，中国队每一位队员对于这场比赛都充满自信！

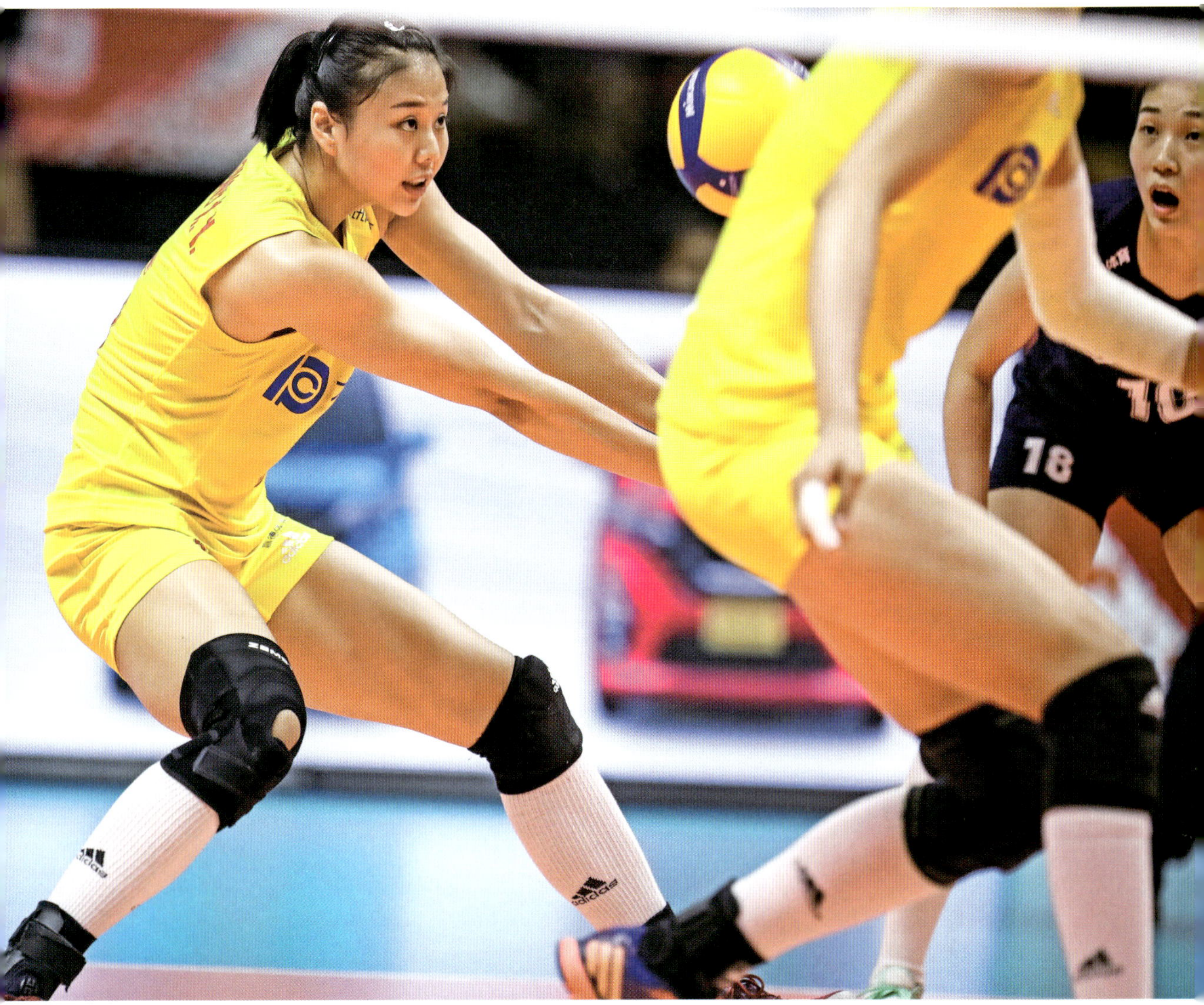
18

FIVB
LARSON
10
16
1

FIVB
2
YUAN X.Y.
1
DING X.
16
23

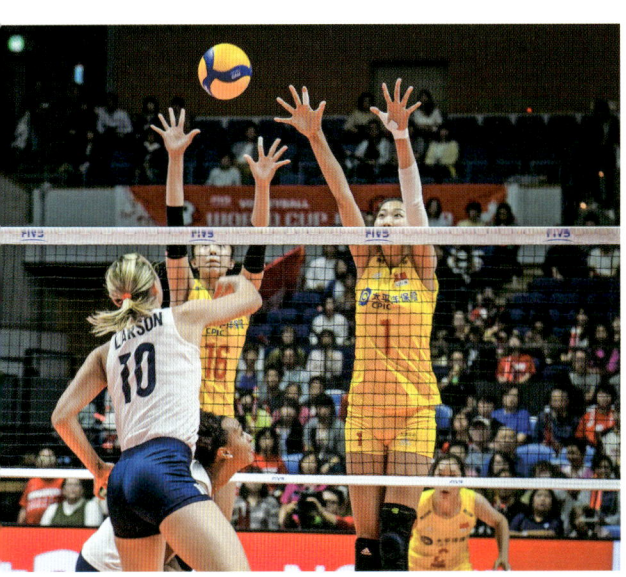

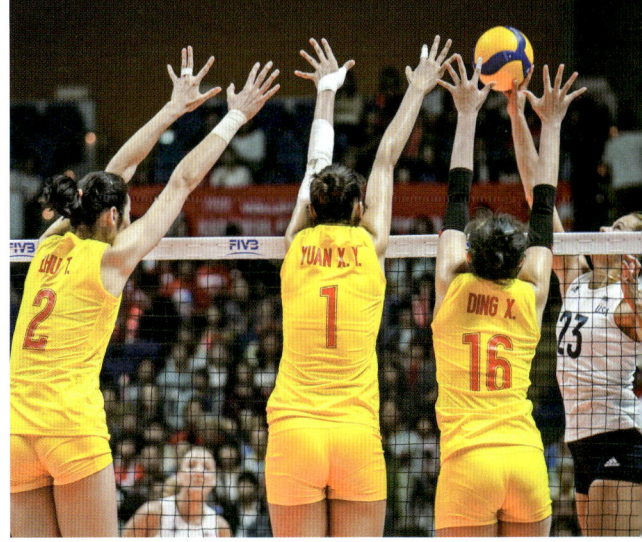

　　第三局比赛，开局双方你来我往，一度战至7平。关键时刻，队长朱婷挺身而出，帮助中国队拉开比分。美国队随后表现得非常顽强，袁心玥拦网得分，帮助球队以18∶14领先。朱婷四号位扣中，龚翔宇跑动加塞打成，龚翔宇二号位失误，美国队迫近至19∶21。颜妮短平快得手，袁心玥拦网得分，中国女排以22∶19领跑。袁心玥高点快球命中，朱婷反击后攻得手，中国女排以24∶21拿到赛点。巴奇进攻得手之后，随着张常宁在半到位的情况下强攻打中，中国队以25∶22胜出，取得七连胜，而美国队遭遇首败。

本届女排世界杯赛前，中国队和美国队被认为是冠军最有力的竞争者，中国女排在这场被视为今年世界杯争冠战的"准决赛"中零封对手，扫除了夺冠路上的最大障碍。郎导和女排姑娘们一步一个脚印的努力，让"升国旗、奏国歌"的目标清晰可见。

完胜美国女排，队长朱婷功不可没。她一人独得23分，关键时刻总能站出来，依靠强攻撕破对手的防线，彻底将美国队"打服"。赛后新闻发布会上，朱婷坦言："今天团队发挥很全面，气势也很足。"

虽然缺席了与喀麦隆、肯尼亚的两场比赛，这次世界杯朱婷仍以总得分178分名列最佳得分榜第四。进攻279扣153中，失误和被拦仅有22次，以54.84%的成功率高居最佳扣球榜首位，是上榜选手中唯一成功率超过50%的选手，效率达到46.95%。

凭借在世界杯上出色稳定的发挥，朱婷荣膺最佳主攻手，并再度拿下MVP，成为蝉联世界杯MVP第一人，与古巴传奇球星路易斯都是两获该项殊荣。从2015年到2019年，朱婷已连续在世界杯、奥运会和大冠军杯四夺MVP，其中三大赛三获MVP，在得奖次数上已比肩恩师郎平，并列世界女子排坛第一人。

令人欣喜的是，1994年出生的朱婷今年才25岁。对于她来说，努力从未停止，传奇一直在路上！

第 8 战

锻炼新人,信任新人

 **VS**

中国队　　　　　肯尼亚队

9月24日

札幌 中国 vs 肯尼亚

2019年女排世界杯札幌赛区在9月24日进入最后一个比赛日的争夺，暂居积分榜首的中国女排对阵积分垫底的肯尼亚女排。最终中国女排仅耗时70分钟，以3∶0速胜对手，迎来八连胜。

前一天的焦点大战，中国女排以3∶0完胜美国女排，将争冠的主动权牢牢掌握在自己手中。本场比赛，老将颜妮、刘晓彤轮休。朱婷虽然进入14人名单，但并未出场。中国女排派出的首发阵容为主攻张常宁、李盈莹，副攻杨涵玉、王媛媛，二传姚迪，接应龚翔宇，自由人林莉。得分方面，中国女排两位选手得分上双，龚翔宇得到全场最高的13分，李盈莹得到11分，张常宁和杨涵玉均得到8分，王媛媛得到7分。

  首局比赛，中国女排开局以8∶3领先。第一次技术暂停后，王媛媛拦网和探头球接连打成，中国女排以10∶3迫使肯尼亚队叫了暂停。张常宁反击得手，李盈莹和龚翔宇的扣球接连打成，杨涵玉反击快攻命中，中国女排以16∶6继续领跑。李盈莹一传连丢两分，肯尼亚队将比分改写为10∶17，郎平走到场边叮嘱李盈莹，但并没有做出换人调整。肯尼亚队发球和进攻失误送分，张常宁短球扣中，肯尼亚队扣球失误，中国队以24∶12获得局点。肯尼亚队一传失误，中国女排以25∶12先声夺人。

　　第二局比赛,双方战至4平后,李盈莹四号位下球,龚翔宇二号位反击得分,李盈莹轻拍直线得手,杨涵玉和姚迪配合拦网建功,中国女排连得四分以8∶4占先。肯尼亚队一次攻很难下球,中国队连续抓反击,以16∶8遥遥领先。杨涵玉的发球轮持续给对手施压,连丢两分的肯尼亚队请求暂停,但杨涵玉发球再次得分,帮助球队以19∶8领跑。王媛媛背飞打中,杨涵玉拦网建功,中国队以24∶11获得局点。肯尼亚队发球下网,中国女排以25∶12再下一城。

  第三局比赛，中国女排以8∶3领先进入第一次技术暂停。随后的比赛，肯尼亚队发球直接得分，王媛媛背快得手，张常宁的发球轮帮助球队以11∶5继续扩大优势。比分15∶8时刘晏含替换下龚翔宇，张常宁后攻得分，中国队以16∶9占优。落后的肯尼亚队不甘示弱，连得两分。张常宁四号位反击下球，肯尼亚队扣球失误，中国队以22∶13领先。随着杨涵玉拦网得分，中国队以25∶14锁定胜局。

这场比赛，郎导派出李盈莹、杨涵玉、王媛媛等年轻队员首发，锻炼新人意图明显。事实证明，年轻的女排姑娘们经受住了考验。赛后技术统计显示，杨涵玉拿到 8 分，王媛媛有 7 分进账。

在赛后新闻发布会上，杨涵玉表示："今天第一次打首发，内心很激动。今天进攻没有想象中犀利，拦网时好时坏不太稳定，郎导赛前给了我很多鼓励。之前几场看姐姐们打，身为小队员，内心很受震撼，觉得自己要学习的地方太多了，以后作为小队员要继续努力。"

　　让小队员上场锻炼，考察新人，信任新人，是郎导"大国家队"战略的体现。在随后对阵塞尔维亚的比赛中，王媛媛在第三局得到了替补出场的机会。刚上场的她第一次触球，拦网就被对手进攻借手得分。在技术暂停时，郎导叮嘱了王媛媛几句，拍了拍她的背。曾春蕾、颜妮、朱婷也分别和工媛媛交流了几句。经过郎导和师姐们的指点，很快她就拦网成功拿到个人第1分，随后，又和丁霞配合了一记背飞得分。在赛后采访中，她说道："大比分领先后，教练组派我出场也是让我不要有包袱，大胆表现自己。在我上场后，霞姐也比较信任我，到位球传给了我，感谢全队。"

　　团结一致，信任互助，女排精神在一代又一代的新人身上得到了最好的传承。

第 9 战

继续前进，第九胜

 VS

中国队　　　　　　荷兰队

9月27日

大阪 中国 vs 荷兰

第二阶段力克强敌巴西队和美国队，中国女排带着连胜的成绩和更足的底气来到了大阪。相比札幌的阴雨冷清，大阪的天气显得湿热明媚，这仿佛也在预示着比赛进入了更激烈的争夺。

本次世界杯，中国女排的第九个对手是由世界顶级接应斯洛特耶斯领衔的荷兰队。中国队由主攻朱婷、张常宁，副攻袁心玥、颜妮，二传丁霞，接应龚翔宇，自由人王梦洁组成首发阵容出场，经过四局激战，以25∶19、25∶16、21∶25和25∶19力挫对手，豪取九连胜，继续领跑积分榜。

　　首局比赛,开局中国队抓住对方的弱轮,连续利用网前优势压制对方,三次连续拦网得分,迫使荷兰队教练叫暂停,中国女排以8∶3暂时领先。第一次技术暂停后,袁心玥拦网建功,帮助球队以10∶3扩大战果。随后,荷兰队追至7∶10,郎导请求暂停。暂停之后荷兰队连续进攻失误,中国队以13∶7领先。17∶12时朱婷四号位扣斜线命中,颜妮拦死斯洛特耶斯,比分来到20∶12。荷兰队两点换三点,龚翔宇二号位扣中,袁心玥短平快得手,张常宁后攻打手出界,帮助球队以24∶18获得局点,朱婷四号位扣球得分,中国女排以25∶19先声夺人。

　　第二局比赛，荷兰队有效控制了失误，开局双方比分胶着，朱婷四号位轻吊得手，中国女排以 8 ：7 暂时领先。短暂休整后，丁霞发球，朱婷、颜妮各取 3 分，荷兰队两次进攻出界，中国女排连得 8 分，以 16 ：7 进入第二次技术暂停。朱婷四号位势如破竹，荷兰队拦防上没有太多办法，张常宁四号位进攻得手，中国队以 21 ：12 领跑。在中国女排以 24 ：13 获得局点之后，荷兰队连追三分，但最后一个发球失误，中国女排 25 ：16 再下一城。

第三局比赛，张常宁承担起一传的重担，为大家的进攻做好保障。开局双方战至4平，颜妮短平快得手，张常宁四号位平拉开打中，中国女排以8∶6暂时领先。落后的荷兰女排并不示弱，布伊吉斯和斯洛特耶斯的进攻接连打成，而中国队自身出现失误，双方战成13平。随后，荷兰队以20∶16扩大战果，郎导再次请求暂停。李盈莹调整攻界外，荷兰队触网违例，中国队艰难渡轮。迪耶科玛二次球再次偷袭得手，中国队难以挽回局面，荷兰女排以25∶21扳回一城。

　　第四局，中国队开局以2∶5落后，仅有的两分都是朱婷所得。朱婷赢下一分球后怒吼一声，作为队长的她，也希望通过这种方式激发队友的潜力。在朱婷的带领下，中国女排越战越勇。短暂休整后，张常宁后攻打手出界，帮助球队追至9平。斯洛特耶斯体能略有下滑，进攻出现失误，张常宁四号位反击被拦死，荷兰队追至14∶15。张常宁进攻打成，帮助球队以16∶14领跑。接下来，张常宁拦网和扣球接连建功，中国女排以19∶14扩大战果。袁心玥背飞下手果断，张常宁发球直接得分，袁心玥再次背飞得手，中国队以24∶19拿到赛点。随着荷兰队扣球出界，中国女排以25∶19锁定胜局。

喜提九连胜，中国女排距卫冕世界杯冠军已近在咫尺。回顾整场比赛，丁霞的暴扣让人印象深刻。第二局中国队以23：13领先时，已基本锁定胜局，但荷兰队非常顽强，双方一个球打了很多回合，最终丁霞以一记暴扣结束，帮助中国队顺利拿下这一分。球迷们纷纷笑称霞姐不是二传，而是"丁接应"。

这已经不是二传手丁霞第一次在世界杯上暴扣了，同美国队的比赛中，她就强扣拉尔森成功，在随后同塞尔维亚队的鏖战中，丁霞再度出现在接应的位置，面对塞尔维亚队两位身材高大的球员直接起跳扣球成功，对手接球出现失误，丁霞再度得分。

作为中国女排的"大脑"，丁霞不仅传球到位，组织进攻灵活，偶尔还能上演精彩的暴扣。凭借出色稳定的发挥，她入选了世界杯最佳阵容，是本届世界杯当之无愧的最佳二传手。

面对明年的东京奥运会，丁霞说："东京奥运会很难打，还是一天一天去练，一步一步去走，现在说什么都有点儿早，到时候自然水到渠成。本届世界杯，我们打出了信心，但是有的强队没有来。"

你来或者不来，"丁接应"就在那里，期待着东京奥运会能够再见到丁霞暴扣。

第10战

十连胜，提前夺冠

 VS

中国队　　　　　　塞尔维亚队

9月28日

大阪 中国 vs 塞尔维亚

在 2019 年女排世界杯倒数第二轮的争夺中，中国女排只要战胜对手即可提前一轮夺冠。在即将迎来中华人民共和国 70 周年华诞之际，这场争冠战成为国人关注的焦点，位于大阪的比赛现场迎来了众多的中国球迷，他们用挥舞的国旗和阵阵呐喊为姑娘们加油助威。面对多名主力缺席的塞尔维亚女排，中国女排最终以 3 : 0 完胜对手，提前一轮锁定冠军，卫冕成功！

本场比赛，中国女排依然派出全主力首发出场——主攻朱婷、张常宁，副攻袁心玥、颜妮，接应龚翔宇，二传丁霞和自由人王梦洁。最终，中国女排共有三位选手得分上双，其中朱婷得到 18 分，张常宁得到 16 分，龚翔宇入账 11 分。

　　首局比赛，开局两队比分胶着，张常宁进攻没有打死，塞尔维亚队抓住反击以7∶5领先。朱婷四号位打中，反击吊球得手，帮助球队追平比分。塞尔维亚队背飞失误，中国女排以8∶7领先进入技术暂停。暂停后，袁心玥发球连续破攻，朱婷冲进打短球得手，颜妮拦死拉佐维奇的重扣，朱婷四号位反击斜线打中，之后改扣直线得分，中国女排以12∶8迫使塞尔维亚队请求暂停。颜妮近体快得手，龚翔宇二号位扣中，中国女排以16∶10拉开比分。张常宁反击拐直线得手，比分11∶19时塞尔维亚队再叫暂停。张常宁反击再得一分，龚翔宇发球直接得分，张常宁探头球打中，中国队以22∶11遥遥领先。张常宁后攻得手，帮助球队以24∶13获得局点，朱婷四号位扣斜线得分，中国女排以25∶14拔得头筹。

  第二局比赛，朱婷吊球出其不意，随后后攻打成，中国女排以 4∶1 抢得先机。塞尔维亚队请求暂停后，别利察的进攻略有起色，一度将比分追至 4∶6。张常宁拐腕直线打中，丁霞探头球打手出界，中国女排在第一次技术暂停时以 8∶6 领先。朱婷短球轻拍直线得手，紧跟着大斜线反击得分，中国女排以 10∶7 领跑。塞尔维亚队顽强追至 10 平。随后双方比分交替上升，龚翔宇发球出界，中国队一传失误，塞尔维亚队追至 15 平。张常宁开网进攻得手，帮助球队以 16∶15 领先。之后两队陷入拉锯战，朱婷和张常宁的扣球接连得分，塞尔维亚队也毫不示弱。19 平后塞尔维亚队发球失误，中国队以 21∶19 占先。颜妮拦网得分，布萨一传失误，张常宁扣球帮助球队以 24∶21 拿到局点。多回合胶着中塞尔维亚队后攻失误，中国女排以 25∶21 再下一城。

　　第三局比赛，朱婷梯次进攻得手，龚翔宇扣直线命中，塞尔维亚队失误，中国女排以3∶0迫使对手请求暂停。朱婷后三进攻造成对手卧果，颜妮拦死别利察的进攻，袁心玥近体快打中，中国女排以8∶3建立优势。接下来袁心玥拦死了拉佐维奇的重扣，朱婷四号位巧打得分，中国女排以11∶4扩大战果。别利察二号位出手果断，但她的队友分担有限，王媛媛替补换下袁心玥，龚翔宇二号位打手出界，中国女排以16∶10继续领跑。替补出场的王媛媛拦网得手，颜妮背快命中，中国队已经20∶13领先。颜妮探头球命中，张常宁四号位斜线打中，张常宁网口争夺得分，中国队以24∶16拿到赛点，塞尔维亚队一传失误，中国女排以25∶16锁定胜局。

这样,中国女排以十连胜的战绩,提前一轮夺得冠军,成功卫冕!

塞尔维亚媒体以《中国通过塞尔维亚赢得冠军》为题报道这场比赛,称赞道:"在与塞尔维亚的所有比赛中,中国都是实力更强的球队,在世界上最好的球员之一朱婷的带领下,中国始终控制着节奏。"

中国女排能够提前一轮卫冕成功,除了"朱袁张"在前排进攻给力,自由人王梦洁在后方也起到了很好的保障作用。本届世界杯,她的一传数据是88次一传,64次一般,23次完美,仅有1次失误,一传效率为25%,相比于巴西女排著名自由人雷亚的24.53%毫不逊色。

同俄罗斯女排一役，中国女排近乎完美爆发。赛后接受采访时郎导说道："主要我们是一传质量比较好，所以我们有机会加强快攻，减轻了两翼强攻的压力。"至于自由人王梦洁，郎导赞扬道："梦洁的一传相对比较稳定，防守非常出色，脚下移动很快。"

在颁奖仪式上，听到自己获得本届世界杯最佳自由人的荣誉，王梦洁表现得十分惊讶，采访中直言确实感到非常意外，而对于自己在本届世界杯的表现，"开森小孩"王梦洁谦虚地总结道："我今年这届世界杯还是发挥稳定，但是跟国际优秀自由人比还是有很大差距。"

而对于新时代女排精神的理解，梦洁直言就是团结协作和永不放弃。展望明年的东京奥运会，她则如此说道："踏踏实实、兢兢业业，踏踏实实做好每一天，有每一天积累才有最后的绽放。"

第11战

荣耀！升国旗、奏国歌

 VS

中国队　　　　　阿根廷队

9月29日

大阪 中国 vs 阿根廷

9月29日，2019女排世界杯进入收官日，面对最后一个对手阿根廷队，冠军在握的中国女排依然不急不躁，认真对待，全力以赴，打好了最后一场比赛，以3∶0击败对手。

本场比赛，中国队派出的首发阵容为主攻朱婷、张常宁，副攻袁心玥、颜妮，二传丁霞，接应龚翔宇，自由人王梦洁。得分方面，中国女排五位选手得分上双：龚翔宇15分，袁心玥13分，朱婷12分，颜妮11分，张常宁10分。

  首局比赛，中国女排开局有些慢热，多回合较量后以 8 ∶ 7 暂时领先。张常宁一传送探头，阿根廷队连得三分以 10 ∶ 8 反超。随着福莱斯科后攻打成，阿根廷队以 16 ∶ 14 继续领跑。之后朱婷重扣得手，丁霞发球得分，朱婷梯次进攻命中，中国女排以 17 ∶ 16 反超，颜妮短平快得手，张常宁扣球得分，朱婷发球轮帮助球队连续得分，中国女排以 21 ∶ 17 拉开比分。随着朱婷发球弹网后得分，中国女排以 25 ∶ 17 拔得头筹。

　　第二局比赛，中国女排很快进入状态，以8∶4领先进入第一次技术暂停。袁心玥短平快得手，朱婷巧打得分，中国女排以11∶7继续领跑。龚翔宇二号位直线打中，中国女排以16∶10扩大战果。阿根廷队不甘示弱，顽强追至13∶17，郎导请求暂停。袁心玥背飞打中，龚翔宇发球得分，袁心玥拦网得手，中国队20∶14迫使阿根廷队叫了暂停。袁心玥反击连得两分，张常宁重扣得分，中国女排连得五分以25∶14再下一城。

　　第三局比赛，姚迪顶替丁霞坐镇二传，其他位置与首发阵容一致。开局双方几经胶着后，中国女排以8∶5暂时领先。龚翔宇二号位反击得手，中国女排以11∶5逼迫阿根廷队请求暂停。龚翔宇的发球依然给对手施压，颜妮拦网建功，中国队依然让对手卡轮，19∶5遥遥领先。比分23∶10后刘晏含替换下龚翔宇，她发球直接得分，王媛媛换下袁心玥，林莉顶替王梦洁，随着李盈莹四号位强攻打手出界，中国女排以25∶12锁定胜局。

至此，中国女排以11战全胜、全程仅失3局的成绩夺得女排世界杯冠军，卫冕成功，达成了自己"升国旗、奏国歌"的目标，让五星红旗高高飘扬在大阪市中央体育馆，让《义勇军进行曲》响彻世界，向中华人民共和国七十华诞，献上了体育人最好的生日礼物！

中国女排在比赛中的优秀表现得到世界各国媒体的称赞。意大利媒体盛赞中国女排"这就是梦之队"！巴西《圣保罗报》排球专业记者Bruno Voloch在中国女排夺冠后写道："中国站在领奖台的最高位置已经成为惯例。这是该国历史上第五个（世界杯）冠军，连续第二个冠军。FIVB主席阿里·格拉萨将冠军奖杯交给朱婷的画面与看到中国击败其他球队的画面一样普遍。完美的战役，在11场比赛中取得11场胜利！距奥运会还有一年的时间，中国再上一个台阶。"

　　这场比赛中有一个温暖细节，在比赛进行到第三局时，郎导先是用姚迪替下丁霞出战，接着在比分来到20∶6后，陆续派刘晓彤、李盈莹、郑益昕、刘晏含、王媛媛、林莉上场，从而让本场比赛的14名队员悉数亮相，使她们共同在场上见证了卫冕世界杯冠军的荣耀时刻！

　　这是郎导的温柔之处，她关心爱护着每一位队员。赛后采访中，她哽咽感慨："其实挺难的，16个队员……"

　　是的，中国女排的每一位队员，都在全力拼搏。

在最后一场比赛中,姚迪在第三局坐镇二传,连续发球得分,帮助中国队完美收官。赛场上的姚迪永远是情绪最为饱满的那个人,得分时她会张开双臂微笑,脸上大大的酒窝格外引人注目,失误时她会用手重重地捶向地面,每一次救球她都奋不顾身。

小将郑益昕凭借着在亚锦赛上的出色发挥,搭上了世界杯的末班车。第二轮打喀麦隆,郑益昕首发出战,最终进攻上8扣5中,拦网得到1分,共摘得6分。这对于第一次登上女排世界三大赛的郑益昕来说是不错的表现。相信随着比赛经验的积累,"小小身躯"的她一定能爆发出大大的能量。

奥运冠军林莉在球场上还是那个成熟且经验丰富的自由人。在场下，林莉和梦洁总会相拥，每一次拥抱都传递着一种力量与信念，那是鼓励、支持与信任的传递。

同为奥运冠军的刘晓彤，堪称中国女排的一根"定海神针"。她永远做好了充足的准备，在赛场上为中国队提供充沛的进攻火力。她那大力跳发多次破攻，在网前的进攻也毫不手软。作为队伍的保障型主攻，晓彤稳定的一传也在助力每一次的进攻。

作为八一女排的队长，刘晏含在本届世界杯的比赛中，每一颗球都拼尽全力，力图攻破对方防线，每一次极限，都突破极限。"大哥"的名号不是白叫的，场上的霸气得益于场下的刻苦训练。每天训练时，刘晏含都会给自己加课，没有做到完美，决不放弃。

最后一场轮休的曾春蕾是本届世界杯的"奇兵"，每当队伍遇到困难，"大花蕾"总会被换上场，两点换三点的战术也在关键时刻奏效。凭借具有冲击力的发球和在网前霸气的扣球，曾春蕾一次次将场上局面化险为夷。

排球是一个团队项目，每场比赛胜利的关键，都在于球员的战术配合，以及教练的屡次现场调整，也离不开日常训练和团队保障的付出。只有每个环节都做好了，拿冠军才能水到渠成。正是所有成员的点滴付出，共同造就了一场场胜利，收获了这光荣的时刻！日本媒体《月刊排球》在赛后的分析报道中指出，"中国女排有着家人一般的团队合作"，这是她们保持强势的根本原因，在传奇球星郎平的带领下，如今的中国女排正在开创一个全新的黄金时代。

冠军说

郎平 LANG PING

只要穿上带有"中国"的球衣，就是代表祖国出征，为国争光是我们的义务和我们的使命，特别光荣。每一次的比赛，我们的目标都是升国旗、奏国歌！

成功不一定要拿到冠军，尽自己最大的努力就是成功。
没有最好的个人，只有最好的团队！
不仅要在顺境时相信自己行，更要在逆境中相信自己行。
对队友要有包容心，不指责、不抱怨，要赢一起赢，要输一起输。
积累就是经验，经验就是应变，应变就是智慧！

球迷们很职业，也很懂球，他们愿意看到五局精彩的比赛。当然作为教练来说不希望打五局，脑细胞死得太多。

为了理想和目标克服一切的困难，要敢于突破自己。
有人觉得我在球场上耗费了青春，一身伤病，很可惜，但我觉得值得。

女排精神不是赢得冠军，而是有时候明知道不会赢，也竭尽全力，是你一路即使走得摇摇晃晃，但依然坚持站起来抖抖身上的尘土，眼中充满坚定。

2号 朱婷 ZHU TING

每次进入球场,都会情不自禁地去寻找鲜艳的五星红旗,因为这边常常会有我们国家的企业员工拿着国旗来到这里为自己加油。

注重过程看淡结果,努力做好我们自己。

打到热情的点的时候,你是控制不住的,还是想每球必争。

即使我现在不好,我依旧是朱婷;我好的时候,也还是朱婷。不好的时候,我依旧可以承担;好的时候,我一定可以承担。

我会尽自己最大的努力，让我们的球迷感到骄傲。

我们要坚持做好下一分，一分分地积累。

排球是我生命的底色。只有在底色更好的时候，亮色打上去，底色才会更加光明。

你在练我也在练，你在打球我也在打球，我没必要还没打就先恐惧你。

我宁愿在训练场上多练一点、多苦一点，把自己所练的东西能够顺利发挥出来。

能成为今天的自己，我其实特别想感谢2013年之前的自己，在没有人说我出众之前，也一直在坚持和努力。

体育竞技，没有捷径，想要赢，想要一直赢，唯一能做的就是把握机会，不断追求自身的进步。

无论是想追求进步卓越，或是实现其他目标或什么有意义的事，只要选择了就全力投入，倾注最大的热情，相信坚持与积累的力量。其实态度就是我们的选择，是态度决定了我们能走多远。

在中国女排这个光荣集体里，女排精神不断传承，这是我不断进步的根本原因。

张常宁 ZHANG CHANGNING

我没想过休息，打到这个份儿上，我们所有人的想法只有往前冲。我自己不想就此放弃，而且是自己可以承受的状态，也可以支撑比赛的。

要去看重这样的比赛，也不要看重这样的比赛。背水一战没办法，就是清空思想，不要考虑结果，更注重过程。

小时候的梦想是进国家队。进了国家队之后又想取得更好的成绩，拿奥运冠军。现在拿了奥运冠军之后，也是想一步一步地继续往前走，脚踏实地地向前迈进。

今年感觉四年下来也是慢慢走向成熟了,虽然还有很多可以成长的空间,但现在的心态比四年前更加淡定、从容。

今年希望能够以身作则,先做好自己,发挥出应有的水平,然后能够带动队伍,调起队友的兴奋度,一起并肩往上走。

我觉得自己还没有到顶,因为我向来上不封顶,作为运动员在赛场上都是贪婪的。

一路走来,顽强、坚韧、执着的女排精神历久弥新,成为了自强不息、艰苦奋斗、永不放弃的民族精神的一部分。身为一个排球人,我也希望能够脚踏实地、不断前行,让女排精神在我们这代身上继续延续下去。

1号 袁心玥 YUAN XINYUE

不管墙（困难）有多高，我腿长嘛，总能跨过去。

这一路走得很艰辛，但是我们并没有放弃。

没必要把自己吃的苦昭告天下，在场上就是展现自己的风采。

在将来，我会在精神上变得更强，变成我们队伍的一个捍卫者！

通过中国女排，通过自己的排球之路，我觉得找到了自己生存的意义。

中国女排精神就是对奥林匹克精神和中华体育精神的最好诠释。

17号 颜妮 YAN NI

我与球队谈恋爱。在女排这个光荣的集体，总有一种力量让我勇往直前。

比赛时，每次上场我都会告诉自己，一定要尽最大努力打好比赛，绝不辜负教练和队友的信任。

从进入省体校那一天起，我就立志要成为一位出色的排球运动员，多年来一直都朝着这个梦想去努力，踏踏实实、勤勤恳恳。

无论何时何地，只要国家队需要我，我都会义无反顾、全力以赴。

新时代女排精神就是顽强拼搏、坚强拼搏、团结一致、团结协作。

6号 丁霞 DING XIA

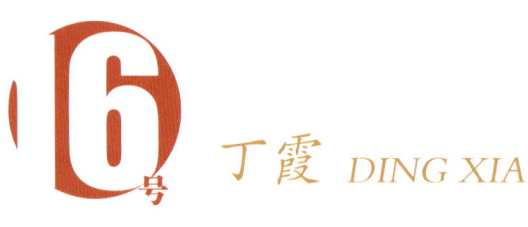

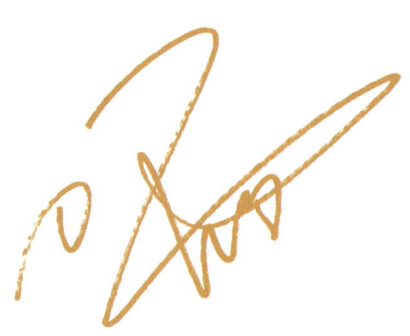

大家互相促进、互相帮助，年轻队员虽然年纪小，但是她们每个人身上都有一些闪光点，都有自己强的地方，这些东西都要互相学习，弥补自己的短板，强项练得更扎实一点，这样才能够在场上发挥自己的特点，为队伍分担一些压力。

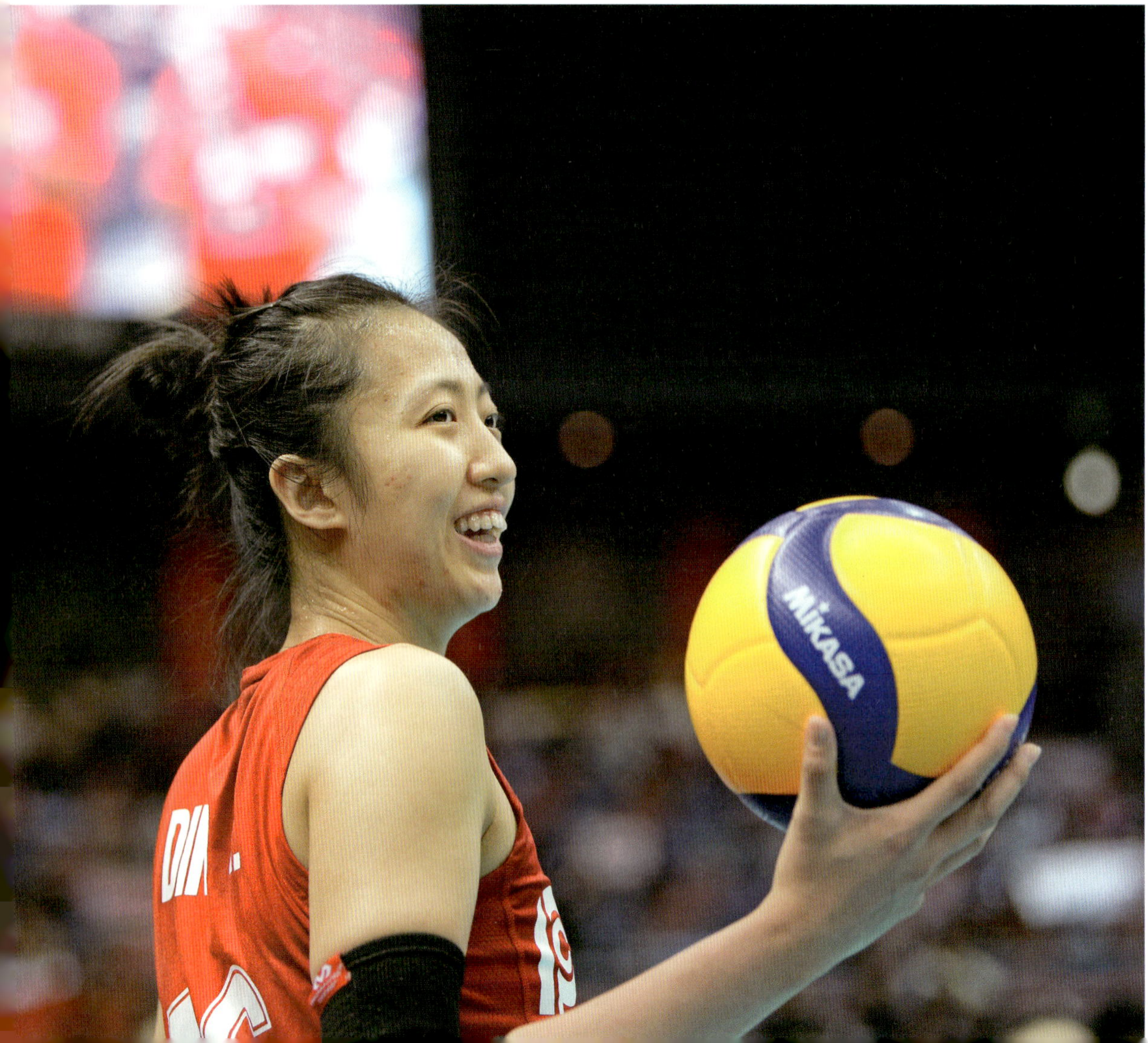

我希望大家在遇到困难的时候,想一想没有什么坎儿是过不去的。

我时常提醒自己,在很困难的时候要努力努力。

6号 龚翔宇 GONG XIANGYU

希望把自己定位在一个冲击者，努力向前冲、往上冲！

不论遇到什么样的困难，首先还是要想去克服困难，因为我们在练习和比赛过程中肯定会遇到很多挫折的，在这个时候要有那种不抛弃不放弃的精神，才能使我们更加进步。

我觉得我个人从心理上从技术上并不是特别优秀特别顶尖的那种,所以我还是希望我作为一名年轻的运动员,能够抱着激情去参与这次比赛。

我自己希望每一场球都打好,但在成长过程中肯定会有打不好的时候,这都是宝贵的经验。

遇到困难顶着头我也得上,我觉得要有那种不服输的劲儿,不管怎么样,我也得顶住。不行的话,我们是一个集体,我们还有其他人可以顶替我,我们可以轮番上的。

身为中华儿女,应该有一种使命感,要为祖国争光,为自己的目标前行。

18号 王梦洁 WANG MENGJIE

当你防起一个球，队友打下去的时候，心里的成就感是非常强的，幸福感并不比攻手少。打不下去也没关系，下一个球再来嘛，也许这就是排球的真谛吧！

每次参加比赛，最大的收获就是从其他自由人位置的选手身上找差距，弥补自己的不足。即使是在比赛中输掉的一方里头的自由人，自己也会向她们学习，取长补短。

在场上比赛能积累经验，在场下观赛也能积累经验。

踏踏实实、兢兢业业，踏踏实实做好每一天，有每一天积累才有最后的绽放。

12号 李盈莹 LI YINGYING

希望打一场进步一场，将平时训练的内容成功运用到比赛中去。

大家说我横空出世的时候，我觉得大家不了解我，我是用了七八年的努力才让大家通过一场比赛认识我的。

我应该有这个担当，我要有这个责任感，因为在场上大家都是平等的。

刚来天津的时候每天以泪洗面，当时可难受了，每天都哭，训练时哭，回屋给我妈打电话也哭，睡觉的时候也哭，哭了得有一年多才好。后来每当遭遇困难和挫折时，我都会一直努力告诉自己要学会克服困难，不会再随意哭鼻子了。

我承认自己的先天身体条件还可以，个子比较高，手臂比较长，打排球会有一些优势，但先天条件可能只是一部分因素，更多还是需要后天努力。

 刘晓彤 LIU XIAOTONG

这些年经历了很多比赛，做出了很多努力，能够取得成绩，我觉得主要还是靠经验和经历，运气可能也稍微好一些。

做好自己，努力提高短板，弥补不足，其他不去多想。

女排精神就是越挫越勇。

每场比赛我们都会抱着很好的心态对待，就是拼！

我相信未来我们会更好，因为我们打的是一股劲儿，是一股气势。

我们就算输，也要输得有气节，也一定要拼尽全力。

5号 林莉 LIN LI

后来也挺喜欢自由人这个位置，我觉得可能跟自己的性格还挺像的。自由人都在后排，就那种默默无闻的类型吧。

我就挺喜欢这种低调的行事风格，你知道我就知道我，不知道也没关系。

女排团队里集体利益大于个人，不能太多考虑个人，凡事多为集体考虑。

其实每个球员有机会来国家队，都是很希望能抓住难得的机会留下的，所以中间说没有忐忑是不可能的，特别是自己的技术水平有波动的时候，真的会担心。有一个阶段，身边的队友一个个离开，自己肯定会想下一个是不是我。所以最终能留下，我觉得自己真的挺幸运的。

 **曾春蕾** ZENG CHUNLEI

只要在训练场上就全力以赴!

我不想自己还没有发挥,就让对手赢球。

我下定决心默默苦练,从一传防守到进攻、拦网,不管多么枯燥,不管多么艰难,我都咬牙坚持着,让自己的各项技术更全面。只要努力过,只要拼搏过,我就不会后悔。

我经历了很多,有挫折,有喜悦,有痛苦,有泪水。从 15 岁进入北京队,再到国家队,我一直没有放弃追求,始终坚持到底。

女排精神是互相团结,永不放弃,吃苦耐劳。这种信念不是相信自己一定能赢,而是相信不会轻易让你赢。

19号 刘晏含 LIU YANHAN

不管有多难，我都会不断拼搏。

力争把每场比赛打好，这需要一天不能停地积累，凡事贵在一个坚持。

我们的信心是打比赛打出来的，靠大家的团结一致去冲出来的！

没有最强的绝招，但有最坚定的意志。无所谓最佳的个人，都是集体的力量。能力有大小，但为荣誉而战的心是一样的。拼下去，谁会知道下一秒会发生什么。

我觉得竞争激烈是非常正常的事情，也是一件好事，因为它是一个良性促进。因为有了这些竞争，我们才能够有更好的实力去跟世界强手抗衡。

女排精神是一种对于自我极致的追求！

要力争在国家队站稳脚跟，不想再进进出出当过客。

我希望随着技术的进步，我能在球场上更加自如。

我们一直都强调尊重对手，把每一个对手当作强敌去打。

女排精神就是顽强拼搏，有一线的希望，就不会去放弃。

接受争议，保持好的心态，放低自己，磨炼技术，谦虚求教，和队友多做配合。比赛的时候不去想结果，打一场拼一场，争取每一场都能发挥自己的水平。

 **杨涵玉** YANG HANYU

把自己做好，每天尽全力好好训练，把状态保持好。

每一场比赛的对手都不同，有机会上场就是锻炼提高的好机会。

前几场比赛姐姐们打得都非常好，酣畅淋漓，我们在场边都很震撼。我们需要向她们学习的地方太多了，以后还要以她们为榜样去努力。

排球和游泳一样，都是一天不碰身体就会有生疏的感觉。

我会更加努力，向前辈们学习女排精神，将女排精神发扬光大。

 ## 王媛媛 WANG YUANYUAN

很荣幸我能参加本届世界杯,比赛期间获得了比较多的锻炼机会,也看到了自己与队友以及世界强手之间的差距,也为接下来的训练找到了更好的努力目标。

其实每一场比赛,替补席上的每个队员都在随时活动,随时准备上场。

比赛中你的发挥你的表现,都离不开平时的训练,训练是比赛的一面镜子。

女排精神更多的是不断地摸索学习,作为一个传承者,在我心里女排精神其实不是赢球拿冠军这么简单,而是困难的时候咬牙坚持的精神。

14号 郑益昕 ZHENG YIXIN

腿短毕竟跑得快，所以我有速度的优势。

我每次接一传有莉姐在身边的时候，都有种迷之自信。

她（朱婷）就是我们的安全感，有她在就没有什么好怕的。

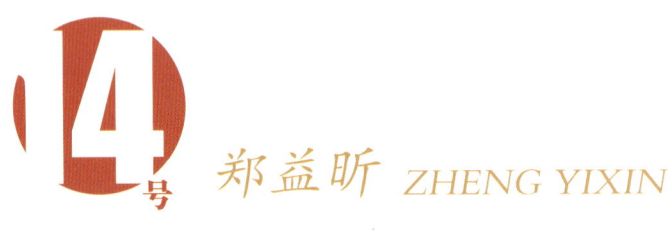

我觉得机会总是留给有准备的人，只要做好自己，当机会出现的时候就能把握住。就算没有机会出现，你也会因为自己努力了而不去后悔。

每一天都希望比昨天更好一点，每一年也希望比上一年的自己更好一点。

火爆的背后，是你没看到的付出
——中国女排《我和我的祖国》MV背后的故事

徐峰（腾讯赢德体育摄影师）

扫描二维码
观看中国女排《我和我的祖国》MV

9月29日晚，中国女排登上世界杯冠军领奖台，这一画面通过电视传遍千家万户，也让亿万中国人感到骄傲与自豪。而在这之前，由中国女排姑娘们演唱的《我和我的祖国》已经在网上热传。作为这一MV的制作者，我一边感受着亲临女排颁奖现场的喜悦，一边则为自己能够在这样的时刻为中国女排做出一点儿事情而自豪。

很多人在欣赏完女排姑娘们的这首MV之后，会在第一时间提出一个问题：女排姑娘们正在比赛，她们是什么时候拍这部MV的？是的，在比赛一场接着一场的世界杯期间，姑娘们是不可能有时间唱歌的。我能够拍到她们歌唱《我和我的祖国》的画面，完全是"蹭"来的结果。2018年年底，央视为制作《我和我的祖国》主题MV，到中国女排训练馆拍摄相关镜头，我正好赶上。出于职业习惯，

我拍下了相关素材。当时我便想，也许有一天，这些素材会派上"大用场"。原因很简单，大家见惯了女排姑娘的场上拼搏，又有几人见过她们纵情歌唱？

接下来的半年左右，我不仅拍下了女排在漳州基地挥汗如雨地训练的画面，而且拍下了女排在国家联赛顽强征战的场景。及至2019年8月，我的脑海中已经有了一个清晰的概念：我要在今年国庆的时候把女排姑娘歌唱《我和我的祖国》的画面带给大家。基于这样的思维，9月，当我跟随中国女排踏上世界杯的征程时，我的电脑中其实已经有了女排《我和我的祖国》MV的第一版。那是我在工作之余用了差不多半个月的时间剪出来的，而我对剪辑的效果也颇为得意。

但是，很快，伴随着世界杯比赛的一场场进行，我感觉到了之前MV的巨大问题——我展现了姑娘们的歌喉，却没有让大家看到女排胜利的背后，那一次次在地板上的摸爬滚打，一次次在国旗下的挥汗如雨，当然还有一次次在赛场上的顽强拼搏……在中国女排战胜荷兰队之后，我决定推翻原来的构思，将女排姑娘在世界杯上的精彩画面，从训练到比赛，全方位地注入MV。

在推出时间上，我则决定将战胜塞尔维亚队提前夺冠作为"截稿点"。从9月27日晚上9点半，到9月28日清晨5点半，整整8个小时，最新一版的《我和我的祖国》MV终于新鲜出炉。于是，9月28日下午，当中国女排3比0战胜塞尔维亚队，提前一轮夺冠时，《我和我的祖国》MV也适时向外推出了。

我们第一时间向外推出的平台是中国女排的官方微博。网上的反响远远超出我和同事的预料，不仅播放量很快直奔千万而去，而且央视、人民网、新华社等官方平台也很快加入了转发的行列。而我本人也在每一次欣赏的过程中被感动——女排姑娘们虽然没有最美的歌喉，却唱出了最美的《我和我的祖国》！

时间转瞬向前，女排姑娘们的生活轨迹转眼进入联赛之中，很快又将进入东京奥运会的备战之中，《我和我的祖国》这首MV或许将会被人淡忘，但我相信，它在那个特定的时间、特定的背景下带给人们的感动一定不会被遗忘！于我个人，能够以摄影师的身份参与到见证并记录中国女排的行列之中，则更是一种难得的人生际遇，因为，女排姑娘们用她们的经历告诉我们，成功没有捷径，其实就是一天天的训练、一次次的磨合、一滴滴汗水、一记记扣杀，以及每一次竭尽全力的拼搏与奋斗。所有这一切，不仅改变着她们，影响着国人，也同样在完善着我的价值观。有这样的女排，中国甚幸！与这样的女排相伴前行，同行者甚幸！

新华社记者　罗晓光 摄